14

NIPPONHAM

HATSUSHIBA
6

Posful
SATAKE
25
54

FIT
TANAKA
3

mbow
SAKAMOTO
6

Hiroshima
4

NAKATA
6

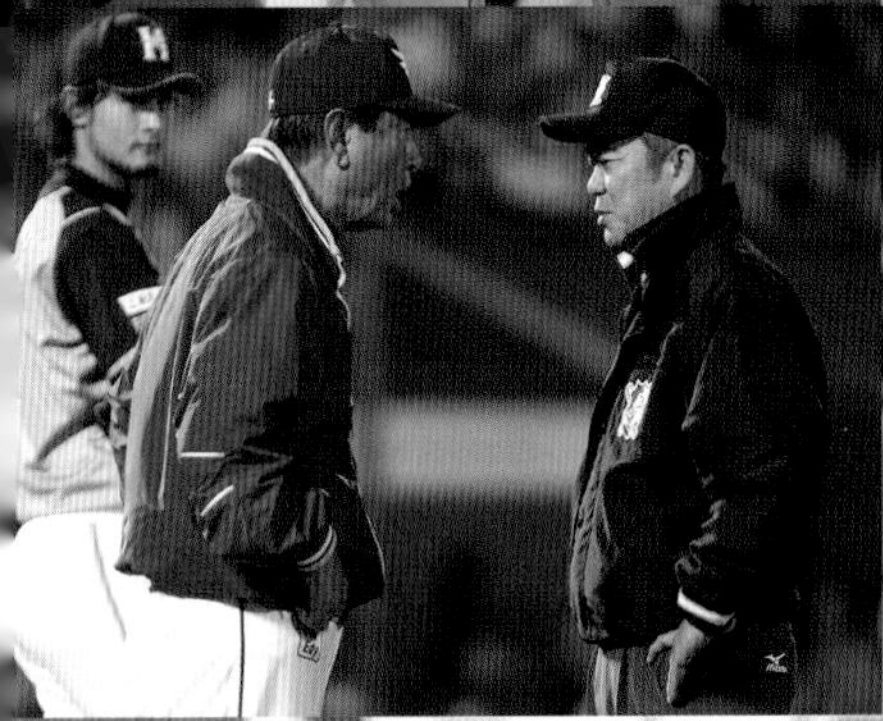
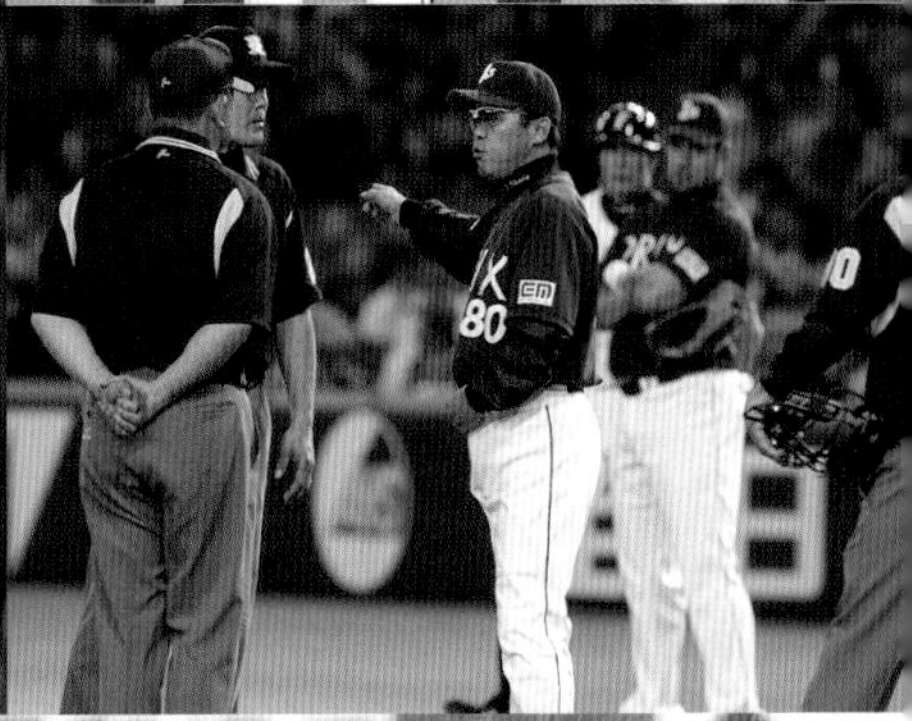

雨による試合の中止を宣告する球審

リクエストの結果アウトになる

監督が審判に選手交代を告げる

判定の結果を説明する審判員

ビデオ判定の結果を知らせる審判団

リプレー検証に向かう審判団

日本シリーズ第１戦を前に監督とともに記念撮影する審判団

春季キャンプ中、ブルペンで
投球を見極める若手審判員ら

全球入魂！
プロ野球審判の真実

山崎夏生

北海道新聞社

まえがき

パ・リーグ審判員として29年、その後、日本野球機構（以下はＮＰＢと表記）審判技術指導員として8年、都合37年間の長きにわたりプロ野球審判界での日々を過ごしてまいりました。

私は大過も小過もたっぷりとある問題児だったかもしれません。全くの素人でこの世界に入り、当時は4～5年の二軍修業で一軍に昇格するのに、8年もかかりました。その後も数多くのトラブルメーカーとなり、歴代屈指の退場宣告数17回（それも15回は自分のミスジャッジ！）はとても自慢できる記録ではありません。度々の二軍落ちも経験しました。

あえて言うなら一軍ではたったの１４５１試合しか出場できず、夢だった日本シリーズの舞台に立つこともできませんでした。エリート審判とは程遠い存在だったでしょう。

それでもこの仕事を通じ、野球とは、審判とは、そして仕事とは何か、ということを凡人なりに悩み苦しみ、そして得るものもあったような気がします。

全てのスポーツにはルールがあり、それをもとに試合進行させる審判員が存在します。

唯一の例外はプレイヤー自らが審判役を務めるゴルフです。スコアも規則違反もすべてが自己申告。それゆえに紳士のスポーツとも称されるのですが、その根底にあるのは「自分は不正をしない」というスポーツマンとしてのモラルです。日本語では道徳とか倫理と訳されますが、スポーツにおいてはフェアプレーのことです。

目の前の勝利を目指すあまり、審判員や対戦相手をだましたり、敬意に欠く行為を行ったりすると、マナー（礼儀）が悪いとみなされます。マナーが守られないと、規制するルールが生まれます。それでも守られないと、ついにはペナルティーが科せられるのです。

野球創成期の頃のルールはわずか20条の紙切れ1枚でしたが、今は230ページにもなりました。これだけの分量となった一因は、ルールで禁止されていなかった想定外のずるいプレーが次から次と行われるようになったからです。その先導役となったのがプロ野球と言っても過言ではないでしょう。なぜならプロ野球がもっとも勝利至上主義の野球だからです。

野球が歩んだそんな歴史を踏まえ、本書では当世プロ野球審判事情、審判の育成や採用、今後の課題や2018年から導入されたリクエスト制度の是非、そしてプロ野球審判としてのあるべき姿、球界への提言等々を幅広く論じたいと思います。

前著「プロ野球審判　ジャッジの舞台裏」（北海道新聞社）では書ききれなかった審判界の裏表を存分にお楽しみください。そして読み終えた後に、華やかなプロ野球界を地味に支える審判たちへの応援団としてスタンドから、あるいはテレビ中継の画面の向こうからエールを送っていただけることを願ってやみません。

著者　山崎夏生

全球入魂！　プロ野球審判の真実

◆目次

第1章　当世プロ野球審判事情Ⅰ

第2章　プロ野球審判指導員として

第3章　プロ野球審判員の採用と育成

第4章　当世プロ野球審判事情Ⅱ

第5章　忘れられない試合と選手たち

第6章　野球論

第1章 当世プロ野球審判事情Ⅰ

プロ野球の主役は選手ですが、それを仕切る指揮者が審判です。どんなに素晴らしいオーケストラでも素人の指揮者では演奏がバラバラになるのと同様に、審判が毅然と仕切らなければ好ゲームにはなりません。若手の審判には時には「凡戦でも審判が盛り上げて選手を奮い立たせろ」とさえ言いました。

例えば判定に不満げな打者を喝破するような大きなストライクコールを、だるそうに投げている投手には胸元に気合のこもったボールを投げ返し、「さぁ、こちらに向かってこい！」という無言のメッセージを与えることもできるのです。どんなスーパースターでもジャッジを下すことはできません。ひとたび試合が始まれば審判は唯一無二の指揮者です。もちろんそれには誰もが納得する安定した判定技術が必要です。そんな信頼と技術を得られたならば、審判の仕事は素晴らしく面白く楽しい仕事です。

逆の場合は地獄の苦しみを味わいますが、そういった審判は長くは続きません。じきに淘汰されてしまうのがプロの世界です。何事もなく試合が終わり、そういえば「今日は誰が審判をしていたっけ？」と思われるのが、審判にとっての最高の喜びなのです。

審判員の役割

【ポジショニング】

試合中、スタンドの観衆やベンチの選手たちも見ていますから、審判がイニング間に選手やコーチと私語談笑することは厳禁です。選手と審判は野球界の仲間ですが、友達ではありません。ですから絶対に「なれあい」の雰囲気を見せてはならないのです。ということで、その状況を作らぬためにも各塁審は内野ラインの野手から最も遠く離れた位置に毅然として立っています。ここにいればわざわざ選手やベースコーチが話しかけに行くこともないからです。時折ルールや天候状態の確認などで、審判員同士が話し合うこともありますが、それは特殊ケースです。

通常のポジショニングは球審はもちろん捕手の後ろ、一、三塁審判は野手から3メートルほど後方のライン際、二塁審判は無走者ならば左中間か右中間にやや浅めに位置し、走者がいる場合には遊撃手か二塁手の斜め前に位置します。近年の傾向として送りバントが想定される場合は遊撃手前、盗塁が想定される場合は二塁手前に位置する審判が多いようです。

塁審の練習は実戦でしかできず、センスに負う部分がかなり大きいのです。見えなかった時の勘の働かせどころや、選手の様子を見る洞察力、想定外のプレーに対する適応力、全体の雰囲気の察知力、あらゆる場面での沈着冷静さなど、これらを総称して「審判センス」と呼んでいます。

時にはマニュアルにはない動きを試合前のクルー内の話し合いで行うことがあります。例えば一塁審判の膝の調子がよくなければ、できるだけ一塁審判を動かさずにフォーメーションを組み立てる。あるいは引っ張り専門の痛烈な打球を放つ右の強打者ならば三塁審判は深めに位置する。もしも審判同士のアイコンタクトが悪く2人の審判が同時に打球を追ってしまった場合、球審と残されたもう一人の審判が咄嗟の動きで最適なカバーリングに入るなど、あらゆる状況に適応するのが本当の意味でのプロの動きです。

カバーリングの指さし確認、タイムプレー、インフィールドフライ、故意落球の確認といった審判同士のサインプレーはありますが、一番大切なのはアイコンタクト、いわゆる以心伝心、というやつです。明らかな判断ミスであった場合にはリクエストではなく、審判団自らの協議での判定変更に持って行くなどのあうんの呼吸も必要です。こういった点で抜きん出ているのがクルーチーフを任されるようなベテランで、こればかりは数多くのキャリアを積んで学ぶしかないのです。

【球審】

球審はかつて「主審」と呼ばれた時期もあり、野球の創成期は審判も1人だけでした。それが正確な判定を求める時代の流れにより2人制、3人制、4人制、そして6人制へと発展していったのです。

球審は何と言っても判定数が多いものです。全投球に対するストライク、ボール、ファウル、空振り、内野内の打球判定などがあり、1試合で約500回近くある判定の6割ほどを担います。

打者はバッテリー間の18・44メートルのほぼ中間点で打つ、打たないを判断しバットを振り出すのですが、球審は見るだけでよいのですから、十分に捕手のミットに収まるまで見ることが肝心です。投球判定を誤るのはほとんどが打者と同様にベースの手前で判断してしまうか

判定の6割ほどを担う球審

らです。

特に近年は変化球もスピードが速くなっており、空振りを取るよりもバットの芯を外し内野ゴロや凡フライに仕留める投球術が流行っています。その方が投球数も減り、併殺打なども取りやすいからです。人間の目は横の変化には対応しやすいのですが、縦の変化には弱いものです。ですから急速に落ちる系のフォークボール、シンカーなどはとにかく最後まで引き付けて早決めしないことですね。

【一塁審判】

一塁審判で一番難しいのは打者走者と野手からの送球のフォースプレーを見ること。スタンドからはほとんどがセイムタイム（同時）に見えてしまうようなプレーでも、超一流の見る力を持った審判はスパイクの刃先とベースの空間をきっちりと見切ることができます。それはリプレイ検証により、何十回も証明されました。基本はカメラのシャッターを押すような感覚で全体像を見るのですが、最近はやや一塁ベースに近付き、打者走者の足を直視しながら捕球音との時間差で判定する、というテクニックも流行っています。

恥ずかしながら私は一塁のフォースプレーを見るのが苦手でした。そのため近付いたり、遠くに位置して見たりと色々工夫しましたが、なかなか「これだ！」という見方をつかめずに引退の日を迎えてしまいました。同僚が塁とスパイクの2センチほどの隙間が見えたとか、捕球時には踏み込んでいた、などとプレーを明確にとらえている話を羨ましく聞いたものです。

晩年は大間違いをしないようにと、距離を遠めにとり判定していたのですが、そうするとどうしてもセイムタイム（同時）の幅が広がってしまい、間一髪のアウトを「セーフ！」とコールしたことが度々あったように思います。

捕球音で判断しようと試みた時期もありましたが、送球がワンバウンドになった時に混乱してしまい諦めました。球審でのゾーンに関してはそれなりに自信はあったのですが、一塁でのミスが多い審判でした。

一塁審判はフォースプレーの判定が難しい

【二塁審判】

二塁審判は盗塁判定が重視されます。遠ければグラブと足の入りを明確にとらえられませんし、あまり近付きすぎると死角ができやすいものです。そのため二塁ベースから3メートル程度離れた位置で見るのが基本です。フォーメーションに関しては二塁審判の動きに他の3人の審判が合わせますので、曖昧な動きをしてはなりません。打球に対して追う、追わないを明確にする、中途半端に戻らない、きちんとサインで動きの確認をするなどの重責を担います。また、常時ストップウォッチを持ち、抗議時間（5分以上は自動的に退場）やイニング間のインターバルなどの計測をします。

【三塁審判】

三塁審判は判定自体は少ないのですが、本塁に近いだけに揉めたら大きい、というのが定説です。特に得点にからむタッグアップ（正確にはタッチアップではありません）、守備妨害、走塁妨害、ベースコーチの走塁援助なども起こりやすいポジションです。いずれのポジションでも重要なのはボークに対する気配りで、これは一人でも「ボーク」と宣告したらその判定を審判全員で支持し、対応することです。判定に対する責任は個人のものですが、試合の責任は審判全員にあります。それが審判団が一蓮托生の運命共同体であるクルー（CREW＝船の乗組員という意味）と呼ばれる所以なのです。

【外野審判】

「線審」と言っている方もいますが、正式な呼称は「外野審判」です。外野審判の役割はライン上の打球判定だけではなく、塁審の補助をするために外野全般の判定をするからです。左中間や右中間の奥深く、あるいはフェンス際の跳ね返り、打球がポールを巻いたか否かなどは外野審判がいればかなりの精度で正確に判定ができます。また、外野審判がいる場合には外野手後方の打球判定を全て任せることができますから、塁審の負担は大幅に減り、自分の塁の判定に専念できるメリットがあります。

セ・リーグでは1990年から、パ・リーグでも1996年から4人制審判で行われていますが、今でもオールスターゲームやクライマックスシリーズ、日本シリーズなどの重要な試合では両サイドの外野審判を含む6人制審判で行われます。

日本シリーズとオールスターゲームの審判

日本シリーズに出場するのはその年の「ベスト7」の審判員です。かつて審判部がセ・パに分立していた頃は各リーグから4人ずつでした。現在はNPB審判部として統合されているので、控え審判は一人だけ。こういったビッグゲームでは6人制で行われ、ローテーションは球審→控え→レフト→二塁→一塁→ライト→三塁の順番に回ります。ちなみに公式戦での4人制だと球審→控え→三塁→二塁→一塁となります。

「ベスト7」の評価は数試合程度ではわかりません。年間を通しての評価になります。評価・査定をするのは審判長と審判技術指導員です。まずは確かな技量。これは年間を通せば審判長、審判技術指導員の評価でトップ10~15くらいまではすぐに定まります。評価基準はやはりスタンドからもわかるような明らかなミスジャッジをしないこと。ぶれない安定したストライクゾーン。そしてトラブル時にでも冷静な対応ができるかどうか。

2018年からリクエスト制度が採用されましたが、やはり優秀と目される審判は判定が覆ることが少ないのです。逆に十数回も判定が覆った例もあります。「見る力」はこういった数字にも現れるようになりました。

ただ、審判の評価は数字が全てではなく、現場での信頼感、審判仲間からも認められる存在感、そういった人間力を含んだ総合評価となります。そこからリーダーシップや、年間を通した判定の安定度、難プレーに遭遇した時の対処の仕方、ゲームを仕切る力、沈着冷静さなどが総合的に判断され、通常は10月初旬頃に出場候補者が絞り込まれ、内示が出ます。指導員の推薦を選考資料とし、最終判断は審判長が下します。

日本シリーズの審判と違って、オールスターゲームは一軍である程度キャリアを積めば、ほとんどの審判が出場できます。オールスターに出場する一つの目安は一軍での球審キャリアが3〜4年、通算出場試合数が200試合ほどを達成していることです。その水準に行くのにおよそ10年はかかります。オールスターは、若手審判が一軍レギュラー審判に定着するための登竜門です。

うまい審判

名審判とは、やはりトータルでトラブルの少ない審判です。まずは安定した判定技術を持ち、現場での信頼を得ていること。いい意味で空気のような存在、それでいながらプロとしての華やかさもあることです。これらを兼ね備えていることでしょうか。あとはリーダーとしての資質。後輩から慕われ、あの人が同じクルーにいると安心だ、気持ちよく仕事ができる、そういった仲間内からの信頼感を持たれることです。

そのためには、何よりも心身のタフさが必要です。肉体的にも相当にハードな仕事ですから日頃の鍛錬は当然のことです。ことにストライクゾーンに関しては同じ軌道のボールはありませんが、同じような軌道のボールはあります。とにかくたくさんの投球を見て、四隅がきっちりと確立されるよう練習するしかありません。塁審はある程度のセンスが問われますが、球審が上手くなるかどうかは間違いなく練習量が全てです。ゾーンの定まらない審判は練習不足と断言します。

ただメンタルの弱さでゾーンがぶれることもあります。これは「見る力」とは別物で、精神面での切り替えが苦手で、ミスを引きずってしまうからです。この修正はなかなか厄介で、ある意味、審判には向いていないのです。ミスしても「それがどうした?」と開き直る図太さや図々しさも必要不可欠な要素です。

二軍戦を裁く若手審判に口酸っぱく言うのは、アマチュアのお手本となるようなアクションと動きを見せろ、ということでした。基本をクリアして一軍レギュラーメンバーとなった者には華やかさを求めます。最高のプレーにふさわしい最高のアクションやコールがあればこそ、プレーも引き立つのです。

そして、それぞれの体型やコールの強さ、身のこなしにマッチした個性あふれる審判スタイルを観衆にも楽しんでもらいたいです。いい意味で、審判諸兄にも有名になってもらい、今日はあの審判だから試合も引き締まって楽しいねぇ、そんな風に言われる審判が数多く出現することを願っています。

解雇される審判員

厳しい現実ですが、技量不足のために解雇される審判員も数多くいます。まずは研修審判員から育成審判員に昇格できるかどうか、この猶予期間は2年です。ここで一定水準の技術が身に付かなければ解雇となります。２０１９年までに20人の研修審判員がいましたが、昇格できたのは12人です。次に育成審判員から本契約に昇格できたのは過去に20人中13人です。研修審判契約を経ずにいきなり育成審判契約となった者も8人いました。現在（２０２０年度契約）育成審判のままでいるのが5人です。残念ながら育成審判時代に自ら辞めてしまった者も1人います。この猶予期間は3年です。

本契約になっても技術に不安があれば一軍への挑戦過程で解雇になるケースも多々あります。20代から30代前半で解雇になる者も多く、他に健康上の理由で、あるいは精神的に追い詰められ自ら辞めてしまう審判もいます。結局、55歳の一次定年（以降は能力により契約延長）まで全うできるのは半分ほどという厳しい世界です。

公式戦の審判の組み合わせを決める割り当て権は100％、審判長の専権事項です。これは日程表であると同時に評価表であり、多くの審判員がこの割り当て1枚で泣き笑いをします。いわば審判長から現役諸兄へのメッセージで、とてつもなく重いものです。地道にいい仕事を積んでいけば年々、一軍出場試合数は増えていきますし、とんでもないミスをした場合には時には直前の割り当て変更もあります。

ただ、原則的には年間を通じて一定の出場数を各々の審判の実力に応じて割り振ることをイメージして作られているようです。

審判員のアクションとジャッジの意味

同点での九回裏2死三塁で二遊間にボテボテの打球が飛び、それをすくい上げたショートから矢のような送球が一塁へ。セーフならばサヨナラ勝ち、アウトならば延長戦突入。さぁ、どっちだ！　あるいは2死満塁のフルカウント。外角低めいっぱいに渾身のストレートが投げ込まれ、さぁ、球審の右手が上がるか、動かぬか？　いずれも大歓声と落胆でスタンドが二分される場面です。

そんな時審判に求められるのは走者も野手も、打者も投手も、両軍監督も、そして見ている全てのファンも納得できるような判定でしょう。物静かにスッと右手が上がったり開いたりでは、このエキサイティングなシーンには似合いません。裁く審判員の全身から気迫があふれ出すようなアクションがあってこそ、最後の一筆が入り最高の絵となるのです。

野球創成期の頃、審判員にはアクションは求められませんでした。選手の近くにいて、大きな声で判定を教えてやればよかったのです。観衆も通常のプレーならばほとんどは判断できますし、クロスプレーでも選手の様子から推測もできました。ところがウィリアム・ホイ（1862～1961）という選手の出現で状況が一変します。

彼は聴覚障がい者だったため、審判員の発する声が聞こえず、しばしばプレーにも支障が出ました。それを救ったのが「アンパイアの父」と称えられたＭＬＢ創成期の名審判ビル・クレム（１８７４～１９５１）です。彼にジャッジを伝えるためにファウルならば両手を上げ、ストライクやアウトなら右手を上げ、セーフならば両手を開く、そんな簡単なアクションを考案し、それらが後に体系化されていきました。

それでも当時、審判員は黒子であり、目立つべき存在ではないと認識されていましたから、アクションも今から見れば随分と地味なものでした。ただ野球が国民的人気を得るようになればスタンドも熱狂し、観衆を納得させる明確で大きなジャッジが必要となります。そんな流れの中で段々と審判員のアクションも今の形に近いものになってきました。

我が国では元祖アクションジャッジで人気を博した元パ・リーグ審判員の露崎元弥さんがいます。動きやすいようにいち早くインサイド・プロテクターを取り入れ、見逃し三振や間一髪のアウトの時にはサウスポーからのワンツーパンチを繰り出しました。何しろ日本ランキング３位だった元プロボクサーですから、切れ味は抜群で格好も良い。テレビＣＭなどにも起用され、１９６０年代から70年代にかけて活躍しました。その流れを汲んでか、以後もパ・リーグには派手なアクションでスタンドを沸かせる審判員が多かったようです。3回も4回もアウトをコールする村田康一さん、「コデライク」と呼ばれた両手を振り上げるストライクの小寺昌治さんら、個性派ぞろいでした。

セ・リーグも負けてはいません。1980年代には長身かつ大声で、そのうえ審判センス抜群のまるでMLB審判のような風格のあった三浦真一郎さん、長らく一線で活躍しスマートながら派手なパフォーマンスも時折見せた平光清さんら、名前を憶えているファンもたくさんいるでしょう。

現役諸兄もここでは名前を出しませんが、「卍」「絶叫」「弓引き」「パンチアウト」などで検索するとヒットする審判員がたくさんいます。派手なアクションは、その場の思いつきだけではできません。プロですから流れるように、格好良く、説得力ある形にするためには相応の練習が必要です。一つの動作を身に付けるには最低でも6000〜7000回の反復が必要という説もあります。実は皆が家の窓ガラスの前やホテルの小部屋の鏡の前で、アクションを自分のものにするためこっそりと腕を上げたり開いたりしているのです。

ただ、一軍公式戦で派手なアクションジャッジをするためには最低限の決まりがあります。まずは大きくてわかりやすいこと、そして何よりも判定自体が正確であること。正確な判定なくしては現場での信頼は得られず、逆に「あいつは格好ばかりだ！」と反感を買ってしまいます。

ですから、プロ審判員もまずは最低5年間の徹底的基本スタイルの習熟から始まります。これは野球で言うならばキャッチボールや素振りのようなもので、ここをきっちりと固めないと応用には進めません。シンプルなスタイルで強さを表現できるならば、それもまたよし。現役晩年の審判員がこの基本形に戻るのもよくあることなのです。

年に何度か審判員のジャッジが曖昧だった、という理由でトラブルになることがあります。もちろんリクエスト制度により判定が覆ったような場合でしたら、その不利益を取り除く適宜な判断をします。が、ほとんどの場合は選手がしっかりと審判員の判定を見ていなかった、あるいは選手が独りよがりの判断を下していた、というケースです。そうならぬよう大きなコールとアクションをするのですが、意外とその意味が知られていません。

例えば三塁線を襲うような強烈な打球の場合、ファウルでしたら両腕を上げ、大きな声

二軍戦の試合前に練習する若手審判員

でコールします。フェアでしたらコールせずにフェアゾーンを指さすだけです。なぜか？ 塁審は背後にいますから、三塁手は声だけで判断するしかない。「FOUL」と「FAIR」は同じ「F」の音で始まるため聞き間違えやすいので、ファウルのみを発声します。よって選手は声が聞こえなければ常にフェアだと思えばいいわけです。同様にアウトの時は「He's Out」ですが、セーフでは「He's Safe」とはコールしません。これも「He's」まで同じですから、勘違いされやすいからです。

また、走塁妨害などでも、挟殺プレーのように直接にその走者をめぐって起きたならば即時に「オブストラクション！」とコールし、両腕を上げてボールデッドとし、進塁させます。しかし、走者が塁を駆け抜ける時にたまたまそこに立っていた野手と接触した場合などはコールをせずにポイントのみをし、インプレーで試合を進行させます。プレー終了後にこの妨害がなければどういう状況になったかを審判団は判断します。

他にも走者がタッグされても、その直後に落球があればアウトではありません。でも塁に触れていなければセーフでもありません。こういった場合はノーボイスでノージャッジです。次の動きに対しての何らかのプレーがあるまでは、判定はありません。

ですから選手は審判員の明確なコールやアクションがない限りは、常にインプレーのつもりでやれば問題はないのです。自分自身で判断せずに、審判員の動きと声に集中し、こういったトラブルを未然に防ぐべきといえるでしょう。

ボールは怖い？

球審は捕手のすぐ後ろに立ってジャッジします。150キロのボールが自分の目の前に飛んでくるのです。よく「ボールは怖くないですか」と聞かれることがありますが、これは慣れの問題です。マスクをかぶり、防具もしているのですからそれほど怖いと思ったことはありません。むしろ若い頃はまっすぐな一本の線で見える速球派の投手が好きでした。

ただ、正直に言いますと晩年は見る力が衰え、と同時に内角高めの自分の顔面付近に飛び込んでくるストレートに恐怖を感じるようになりました。それを初めて感じさせたのは第5章で取り上げますが、ダルビッシュ有（日本ハム―レンジャーズ他）でした。彼の投じる左打者の膝元に食い込む150キロ超のカットボールにも目がついていけずに頭が動くようになってしまったのです。見る力の限界を感じました。

怪我は選手同様、審判もつきもので特に腰痛などに悩む審判が多いです。ですから体調ケアには皆、気を使っています。休みの日にはマッサージ、整体、スーパー銭湯などでほぐしています。打撲は球審ならば日常茶飯事で、年間に何人かは途中交代、あるいは欠場を余儀なくされることもありますが、やはり休んでしまえば損するのは自分。出場手当は1円ももらえないし、もちろん欠場補償もありません。年間評定にも響きます。

ですから、皆はいつくばってでも出場します。私もファウルチップが当たり右手の骨にひびが入った状態でも代わりませんでした。ぎっくり腰でもコルセットをきつく巻き、痛み止めの座薬をぶち込んでマスクをかぶったこともあります。そんな肉体と気持ちの強さはプロ審判としての絶対必要条件です。

審判のトレーニング

ナイターの場合でしたら午前中はジムへ行ったり、ジョギングなどをしてひと汗かく審判がほとんどです。とにかく体力勝負の仕事であり、お客さんにも見られる立場ですからシェイプアップされていない崩れた体型では恥ずかしいのです。筋肉量が多いので体重は多めですが、肥満体型はいません。
瞬発系よりもスタミナ系の体力が必要ですので、基本はやはり走ることです。春季キャンプの時などは選手も顔負けなほどに走り込み大汗をかきますから、ブルペンでの練習へ行く前などは着替えも必至です。ですから毎日、洗濯物もたっぷり。他に各自で工夫して動体視力アップのためのトレーニングもしています。

審判を目指している人に必要なトレーニングは、まずは何と言っても強靭な体力と気力を磨くことです。体力と気力は連動しており、強い体力がなければ絶対に強い気力は生まれません。「継続は力なり」を支えるのも体力です。汗を流すのが嫌いな者はまずこの時点で審判には向いていません。判定の技術は一定水準の見る力があれば遅かれ早かれ、必ずや習得できますからそれほど心配は要りません。

加えて、必要不可欠なのは一瞬で判断を下せる決断力。じっくりとものを考える優柔不断タイプはダメ、とにかく一人で一回だけ見て一瞬で判定するのですから、思い切りよく結論を下せる自信家でなければなりません。日頃から迷わぬ決断力を磨く必要がありま す。

審判から嫌われる選手

審判泣かせの選手もいます。やはり三味（しゃみ）を弾く、いわゆる審判を騙そうとするプレーヤーは嫌われます。もちろんそれが判定に影響を及ぼすことはありませんが、最低限のマナーを身に付けていない選手も多いものです。大きくミットを動かしてストライクに見せようとしたり、四球あるいは死球だと勝手に判断して一塁に走りかけたり、ジャッジに対してあからさまに不満気な表情を見せたり…。そういった風に観衆やベンチにアピールすると、間違いなく審判からは嫌われます。

捕手で一番大切なのはとにかく球審にきちんと見せること。自分で勝手にストライクと判断しミットが流れるような捕球をしたり、あるいはコースが外れているのにグイッとミットを内側に引き寄せて入っているように見せかけたりすると、球審は「ムッ！」としますます。困ったことにこれが今でも巧いキャッチングだと信じ込んでいるバッテリーコーチや捕手がいるのです。これは平成どころか昭和の野球で、我々はそんな捕球術をバカにしています。

本当に巧い捕球というのは例えば低めの投球ならばミット（左手）をやや前に出し、捕球地点でピタッと止めて球審に高さをしっかりと見せること。コースにしてもミットが投球の勢いに負けたり、前述したように内側に寄せたりせずに、そこでピタッと止めて球審にその残像をしっかりと見せることです。こうすればストライクをボールとコールされることはほぼありません。

ミットを動かすのは、外れているから動かして球審を騙そうとしているんだな、と思われるだけの愚策です。プロの審判の見る力を侮ってはなりません。投手は総じて捕手を信頼していますから、捕手が不満気な態度を見せれば球審への不信感が増すばかりで、いい影響は与えないでしょう。

ホームベースの幅432ミリは世界共通で、どんな打者にとっても同じなのですから、ベースが目の中に入り込むまで見続ければ誰だって識別できるようになります。コースで難しいのはホームベースをかすった、かすらないではなく、その外れている隙間（せいぜいボール4分の1〜3分の1程度）をどこまでストライクとコールするかのさじ加減です。厳密に判定したらとてつもなくゾーンは狭くなってしまいます。

かつてはゾーンの狭い審判が上手い、と言われた時期もありますが、それは打者目線に立っているからです。今はストライクを取りこぼさない審判が上手いと言われます。

2メートル近い外国人選手や170センチに満たぬ小柄な選手も混在するのですから、高低のゾーンは極端に言えばボール3個分くらいは違ってきます。よって、微調整が必要です。いずれにしても重要なのは一貫性。その1球だけを見て合っている、合っていない、という判断は下せないのです。1試合を通じてこのコース、あるいは高さをきちんと見極め一貫して判定することが求められます。打者や捕手の不満気な態度にひるみ、そこからゾーンがぶれてしまうのは信頼を失う最大の要因です。

審判として一番判定をしやすいのは人工芝のドーム球場でのナイターです。雨の心配もなければ、風により打球が流されることもありません。寒さや酷暑のもとでの体調管理にも気を遣わなくて済みます。打球が太陽に重なり野手や審判の目に入ることもなく、イレギュラーすることもないので、エラーの数も減ります。当然の結果として、想定外のプレーも起こりにくいものです。ただ独特の息苦しさや閉塞感を嫌う審判も多いものです。私もそうでした。

その対極にある屋外の土のグラウンドでのデーゲームが一番厄介です。特に雨天時のグラウンド整備の指示や、決行か中断か中止かは責任審判の一番難しい判断です。また、地方球場ではカメラマン席やボールボーイ席などが通常と大きく異なることもありますから、試合前にはホームチームの監督と入念なグラウンドルールの確認が必要です。外野フェンスと土の隙間に打球が挟まらないか、ダッグアウト上部の凹んだ部分をインプレーとするかデッドとするか、フェンス際や金網の作りはどうなっているかなど、審判員全員が試合前にグラウンドに出て現場をしっかりと見ておくのも重要なことです。

地方球場ならではのエピソードとして、かつて山形県営野球場で外野席最前列に飛び込んだ打球がありました。当然ホームランだと二塁審判は手を回したのですが、センターの野手がフェンスを超えていないとアピール。現場を確認したところ、なんと金網のフェンスに穴が空いており、そこに飛び込んだのです。やむなくエンタイトル二塁打に判定変更しました。

ほか、千葉のＺＯＺＯマリンスタジアムは強風で有名ですが、インフィールドフライと宣告しようと思った打球が風に流されてスタンドに入ってしまったことがあります。同じくファウルフライを追った三塁手とベースコーチが激突したので守備妨害を宣告しかけたのですが、打球が風に流されてスタンドに入り、ファウルとなってしまったこともありました。このケースはもちろん守備機会がないのですから、守備妨害とはなりません。

試合中にトイレに行っていい?

かつては試合中に審判はトイレに行くな、水を飲むな、といった時代もありましたが、今はいいジャッジをするためには我慢すべきではないという考え方が主流です。ですから、イニングの合間にベンチ裏のトイレに駆け込むこともあります。特に五回終了時のグラウンド整備の時間はたっぷりと5分近くありますから、腰を下ろして一休みもできます。夏場の水分補給は例えば球審ならばボールボーイの脇にペットボトルを置き、毎イニング給水しています。

体調を崩してもそれは自己責任で、自分自身の評価を落とすだけですから、相当に悪い状態でなければ皆、歯を食いしばってでも出場します。腹具合の悪い時などは強めの下痢止めなどを服用しますし、腰痛や捻挫などでもきつめのテーピングをして平然とグラウンドに立ちます。「体調が悪いので今日は休みます」などと言ったらプロ審判の恥なのです。

野球のルールは難しい

よく「審判は石ころ」と言われますが、それは内野手の後ろにいた場合です。内野内に位置した二塁審判は、彼の背後に守備機会のあるショートやセカンドがいますから石ころではありません。打球が当たれば即時にボールデッドとなり、打者走者には一塁が与えられ、他の走者は進塁ができません。このルールを知らずに実況放送で「とんでもない誤審だ、審判は石ころだ！」と何度も叫びたてた解説者とアナウンサーに対して怒りのコラムを書いたことがあります。（71ページ参照）

リクエスト制度にしても、リプレイ検証をする場合としない場合があります。前者は打球の行方や間一髪のプレーで走者と送球が、あるいはタッグのどちらが早かったかなどの事実を機械の目で明らかにできる場合です。後者は例えば走者と野手の接触があった時に、それを走塁妨害と見るか、守備妨害と見るか、ナッシング（成り行き）と見るか、全てが審判員の判断に委ねられる場合です。これは接触という事実を見るのではなく、判断の問題ですから個々に違うこともありますので、リプレイ検証は無意味なのです。

とにかく監督もコーチも選手も、ルール無知なのには呆れることが多々あります。ルールブックは全球団の全選手に配布されますが、しっかりと目を通しているといった話は聞いたことがありません。ですから頓珍漢な抗議に出て後で恥をかく、ということもよくあります。あえて公表をして恥をかかせるようなことはしませんがね。

他の競技（例えばサッカー、バレー、ラグビーなど）と野球の審判に共通するところもあります。特に球技の場合プレーはボールのある地点でしか起こらない、ということです。ですからライブボールから目を切っては絶対にいけません。2019年もナゴヤドームで、他の審判の動きやジャッジに目を奪われ、肝心のプレーを見るのが遅れたケースがありました。「よそ見していた」と球団やファンからずいぶん叩かれました。それもやむなしかもしれませんが、ただし、このケースでは監督からのリクエストにより判定は覆りました。こういった明らかなミスを失くすための制度ですから正しく機能したのに、その後、大騒動となったのが残念です。

「よそ見をしていた」「見ていないのに判定をした」と球団はNPBに意見書を提出し、挙句の果てには「見たとウソをついた」と責めて、攻めて、一軍デビューしたばかりの若手審判を徹底的に追い込んだのです。なぜ、こうも寛容さに欠けるのか。この舞台に立つまでの彼の二軍での努力や鍛錬を知るだけに、やりきれない思いでいっぱいでした。もちろん彼自身も自らのミスを悟り深く反省もし、その晩は眠れぬ夜を過ごしたでしょう。そんな彼に贈った言葉は「負けるな！」の一言のみ。エラーを帳消しにする逆転ホームランやファインプレーは審判にはありません。小さな正しい判定の積み重ねしかないのです。

野球は他の球技に比べてボールは小さいのにフィールドは大きく、かつプレーも速いので、審判は相当によいポジショニングが必要です。距離よりも角度が大切です。そして試合時間も長いのが特徴。インプレーとボールデッドの時の集中力の切り替えも大切です。ルールの複雑さや多さは全スポーツの中でも一番で、野球の審判は最も難しいと思います。それもレベルが下がれば下がるほど想定外のプレーも多く起こりますから、少年野球の審判が一番大変です。

メジャーの審判と日本の審判の違い

はっきり言って、見る力の確かさ、判定技術、運動能力、ハッスル、どれをとってもNPB審判の方がMLB審判よりも上だと思います。これはアマチュア審判にしてもしかりで、多くの国際大会で日本人審判の優秀さは認められています。MLB経験のある日本人選手も同様に感じているでしょう。来日する外国人選手もその点は認めています。

一方で、NPB審判とMLB審判には決定的な差があります。それは、フィールド内での権威です。MLB審判は選手に対して圧倒的な力を持っていて、それを行使できる環境にあります。背景にあるのは、野球はルールを守らなければならないのだ、という本質が全てにおいてしっかりと認識されているからです。

例えば判定に対して異議を唱えてはならない、異議を唱えれば退場となる、これはルールブックに明記されています。ですからルール通りに「退場！」とすることはごく当たり前のことであり、それができないのはむしろ審判のルール違反なのです。現場ももちろんそれを理解していますから、退場は当然の処分だと受け入れます。

しかるに日本では、「抗議ではない、説明を求めただけだ」とか「間違えた審判だって悪いじゃないか」という風潮が未だにあります。審判には常に100点を求め、99点では絶対に満足しません。「ミスジャッジもベースボールの一部だ」という寛容さこそが文化だと思うのですが、これは日本球界の最も大きな問題点でしょう。

ちなみに、MLBの審判になるためにはまずは審判学校（5週間のプログラムで、現在はPBUCとハリー・ウェンデルステッドの2校あります）へ入校しなければなりません。

そこでトップクラスの成績を修めルーキーリーグ入り、そこから1A、2A、3Aと各2～3年の修業を積み這い上がってきます。

もちろん力なき者は去れ、ですからどんどんふるいにかけられ、最終的にMLB審判になれるのは同期で2人程度、約10年はかかります。ですからその競争に勝ち抜いたというプライドも高いですし、マイナー時代に苦労しているだけに後輩に対する面倒見も非常によいのです。

MLBに昇格すれば初任給は年俸15万ドル（約1650万円）からで、降格はなく定年もありません。破格の待遇を得ることもできます。ただ、あまりにも判定が不安定だと解雇もあるようです。定期昇給でトップクラスになれば45万ドル（約4950万円）ほどの年俸となり、いわゆるリッチマンと目されます。

用具に感謝　心を磨く

現役審判の時代、シーズンオフの恒例行事がありました。それは用具の手入れ。もちろんシーズン中も試合前にはスパイクを磨き、試合後はマスクやプロテクターなどは汗を拭き陰干しをしていましたが、最終戦が終わった後はさらに入念に紐やベルトなどを全て外して洗濯をし、隅々にまで保革油などを塗り込みながらシーズンを振り返るのです。それは自分を守ってくれた用具への感謝と、仕事への愛情の再確認の作業でした。要は心を磨いていたのです。

　プロはアマチュアの方と比べると用具の使用頻度がけた違いに多く、どんなに丁寧に扱っても耐用年数はせいぜい2～3年程度です。また、プロは大勢の観客に見られる立場にありますから、古び

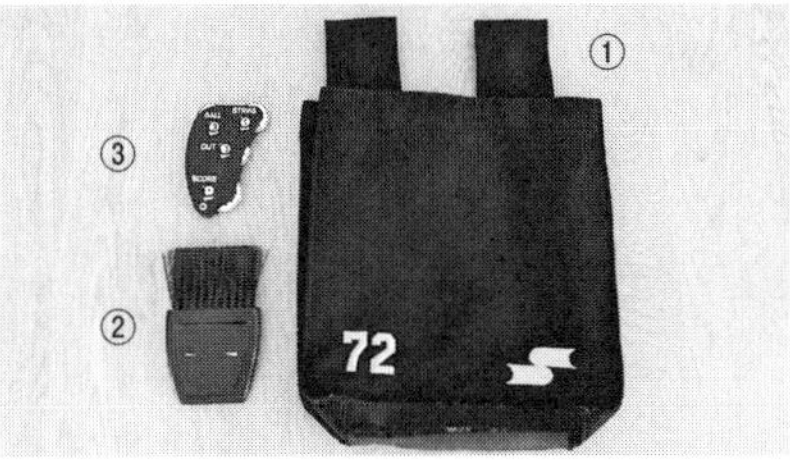

①ボール袋②埃や砂などで汚れたベースを掃くハケ③ボールカウントを確認するために使用するインジケーター

球審用のスパイク（左）と塁審用のスパイク。球審用のスパイクは捕手に踏まれる可能性を考慮し、頑丈に保護されている

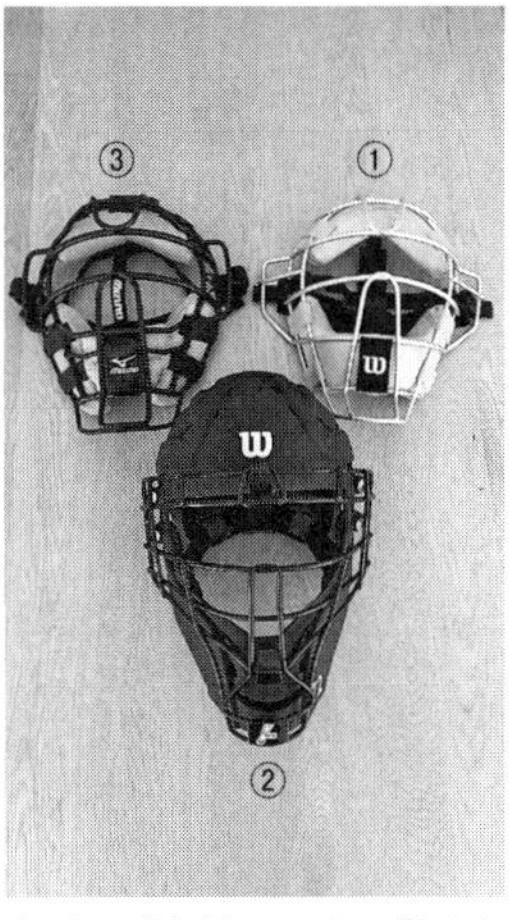

すべて球審用マスク。①チタンフレームは軽いが、衝撃に弱い②ヘルメット型マスクはバットが折れる危険性があるため頭全体をしっかりガード③鋼鉄フレームは頑丈だが首筋が疲れる

た用具やユニホームの着用はご法度。ということで、役目を終えた品々はこれから審判を始めよう、という方にプレゼントすることも多かったです。

実は用具一式をそろえると、軽く10万円以上がかかり、仲間たちと共同使用せざるを得ない連盟や学校も多いのです。せめてその一助になればとの思いでした。自分とともに戦った用具が今もアマチュア野球界で活用されているならば、それもまた嬉しいものです。

さまざまな経歴を持つ審判

プロ野球創成期は全ての審判が元プロ野球選手で、審判に転身するのも現役を全うし、十分な実績を持った名選手ばかり。中には監督まで務めた人さえいました。プロ野球界は先輩・後輩の縦社会ゆえ、今よりもはるかに審判の権威が高く、「審判官」と呼ばれていました。「俺がルールブックだ！」で黙らせることもできました。が、元プロ野球選手は年々減り、今は現役54人中13人だけです。21世紀になってからは元プロ選手の審判は出現していません。

ユニークな経歴という点では、かつては東大野球部出身の審判がいました。愛工大名電でイチローと同期の主将だった審判もいます。元ドラフト1位の投手もいますし、ゴールデン・グラブ賞を取った外野手もいます。僧侶の資格を持った審判もいます。野球経験なしの元ラグビー選手や元プロボクサーだった人もいました。中学生の頃からプロ野球審判を志した、という早熟派もいます。元スポーツ新聞社勤務もいますし、まぁ、多種多彩、人生いろいろです。

なお、現役引退後はNPBに残り審判技術指導員、規則委員といった道もありますが、そうでない場合は自分で職探しをするしかありません。自分の知る限りでは焼き鳥屋さん、お好み焼き屋さんといった飲食業、あるいは警備員、家業継承、塾の事務職員、中学校の教員、スポーツアナウンサー見習い、球団寮長、高校野球監督、一般企業のサラリーマンなどです。悲しい話ですが「消息不明」という方も多いのが現実です。私の場合は「審判応援団長」という肩書を勝手に作り、講演・執筆を生業としています。

試合前、その日の審判団で撮影。この後試合開始時間が近づくにつれ、緊張が高まり笑顔が消える（左から2人目が著者）

私の両親

私の両親。この慈愛あふれる二人から生を授けられたことは何よりの誇りでした。今でも愛してやまないし、苦しい時の心の支えともなりました。自分にはこのたくましく生き抜いた二人の血が流れているんだ、と。

父は 1912 年（大正元年）に生まれ、平成元年に逝きました。享年 76、まさに戦争に翻弄された青春時代を過ごしたようです。貧しいお寺の 7 人兄弟の三男坊、勉強が大好きだったけれど旧制高田中学を卒業後は大学への進学は叶わず、大阪への丁稚奉公に出されました。その頃のことはよほど辛い思い出だったのか、ほとんど話しませんでした。荒れた時期もあったようです。ただ、毎日のようにナスの漬物ばかりの食事で、相当に飽き飽きとしたらしく、私の知る限り、好き嫌いはないのにナスだけは絶対に口にしませんでした。

世の中が戦争に突き進む頃、一念発起して陸軍経理学校に進学し、官費で思う存分に数学の勉強ができたことが何よりの喜びだったと、死の直前のベッドの中で少しだけ話してくれたことがありました。中国との開戦後に陸軍主計大尉として満州に渡り、その頃に母と結婚したそうです。

母は 1920 年（大正 9 年）生まれで、やはりお寺の出です。父とともに満州に渡り、そこで長男を出産しますが終戦の日を境に二人の運命は激変します。多くの日本人兵士がそうであったように、父はシベリアへ抑留されました。母は乳飲み子を背負い、ソ連の爆撃機に追われながら帰国の途を目指しますが、その道中で長男を亡くしました。二人の運命の糸が再び絡み合うのは 2 年 4 カ月後のことでした。

著者の両親

東洋の魔女

2021年、東京で2度目のオリンピックが開催される予定ですが、前回に見たのは小学3年生でした。一番の思い出は「東洋の魔女」と謳われた女子バレーボールチーム。家族全員で白黒テレビの前に座り応援し、強豪ソ連を破って金メダルに輝いた時、父は「勝った、ソ連に勝った…」と声を震わせ拳を握りしめていました。母は目に涙を浮かべていました。他の競技でもたくさんメダルを獲っているのに、どうしてこの金メダルだけがそんなにうれしいんだろう？と子供心にいぶかしく思ったものです。

その涙の真の意味を知ったのはそれから30年以上も経った頃でした。あまりにもつらく悲しい思い出だったため封印していたのですが、終戦時に二人は満州にいたそうです。父はシベリアの収容所へ2年半も抑留され、母はソ連の爆撃機に追われ帰国への道中で産まれたばかりの長男を失っていました。3人の家族は引き裂かれ、この国に対する憎しみの感情は生半可なものではなかったのです。そんな話を母は80歳を過ぎた頃からポツリポツリと打ち明けるようになりました。

スポーツは国同士の代理戦争ではありませんし、戦っている彼女たちにはそんな意識は微塵もなかったはずです。それでも、戦後も口を閉ざし煉獄の苦しみや悲しさに耐えてきた二人にとっては、あの決勝戦は弔い合戦だったのです。きっと幼いままの長男や、異国の地で飢えと寒さで命を落とした同胞たちの姿を思い浮かべながら応援していたのでしょう。「俺たちはとうとう勝ったぞ！」。あの勝利の瞬間に、父と母の長かった戦争は終わりを告げました。

著者の母親と。新潟にある自宅で撮影

腹いっぱい

酒も飲みますが、飯もよく食います。小さな頃から大食漢で、とにかくお米が大好きです。学生時代の寮はご飯食べ放題でしたが度々足らなくなり、「あいつが食いすぎだ」と寮生大会で吊るし上げにされたこともありました。

こんなに食べるようになったのは、母が「食べなさい、食べなさい」とおかわりを促したからです。それほど裕福な家庭ではありませんでしたが、食卓だけはいつもにぎやかでした。兄姉4人で競うように食べ、「ごっつぁん！」と太鼓腹をさすると母は満足気に微笑んでくれました。

それは今も変わらず、数年前の帰省時もそうです。もう還暦も過ぎているというのに朝からご飯と味噌汁を3杯もおかわりさせられましたよ。なぜこんなに腹いっぱいになるまで食べさせたがるのでしょうか？

終戦時に満州にいた母は産まれたばかりの長兄を背負って、命からがらに日本を目指しました。その逃避行ではアワやヒエでの雑炊が主食で、もちろん離乳食などといった気の利いたものはありません。母自身が栄養失調となり母乳も出なくなり、ついに満1歳の誕生日（12月19日）に兄は乳首をくわえたまま餓死しました。わずか数キロの小さなやせ細った体を抱きしめ、ただの一度も美味しいものをお腹いっぱい食べさせてやることができなかった、ごめんね…その思いが何十年も母を苦しめたそうです。

私の183センチ90キロの巨体、これが大きくなれなかった兄への一番の供養だったのです。今も母の前では絶対に食事を残すことはありません。これもまた親孝行なのです。

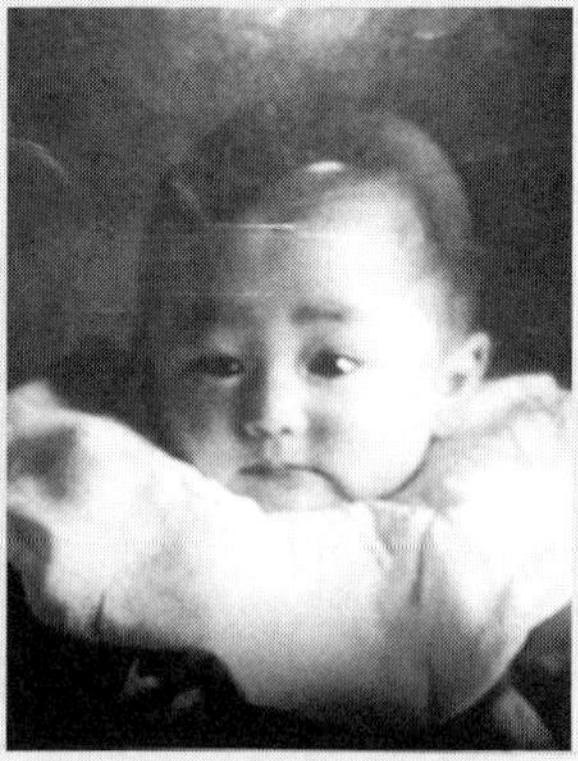

11歳年上になる著者の兄

第2章 プロ野球審判指導員として

人生には時折どこかでその歯車がガタンと大きく動くような瞬間があります。時計の針が大きく進み、転機となる瞬間。２０１０年9月15日にそのときが訪れました。ちょうど仙台への移動日でホテルに到着し、荷解きをしている頃でした。連盟関係者からの電話で、正式通告は後日となるが審判員規約にある定年（55歳）により、来季の現役審判員契約は更新しないと告げられたのです。

半ば覚悟はしていたものの、それでもユニホームを脱がなければならぬ寂しさと無念さに胸が押しつぶされそうになりました。気づけば涙がポロポロと足元に落ちていました。

ところが、次に信じられないことを言われたのです。来季からは若手の育成に当たってもらえないかと。つまりは指導員への道です。

指導員への就任

まさに青天のへきれきでした。まったくの想定外のこと、冗談だろ？　だって、そのポストはエリート審判員のみが務めるものだからです。日本シリーズに何度も出場した審判部長や副部長が、その経験と実績を生かした指導をしてこそ若手への説得力もあります。

混乱する頭を整理するため、青葉城方面へジョギングに出かけました。もちろんうれしい気持ちはありましたが、実績の裏付けのない自分の言うことなど果たして若手が聞いてくれるだろうか。そもそも教えられる技術はあるのか、それほどの人物か、と尻込みするような不安ばかりが思い浮かんできたのです。

そんな時にまた電話が…。当時のセ・リーグ審判部長の井野修さんからでした。「唐突だったかもしれないが、君だからこそお願いしたい。17回の退場宣告や数々のトラブル、二軍落ち、日本シリーズ未出場などなど、君にとってはマイナスのことばかりだっただろう。でも、それらの苦しかった経験を克服し、最後のゴールまでたどり着いた君だからこそ教えられることがあるはずだ。マイナスの経験を伝えることによってＮＰＢ審判部のプラスの財産にしてもらいたい」と。

こんなありがたい言葉はありませんでした。もはや断る理由も見つかりません。この恩義に報いるための覚悟も決まりました。何年間の任務になるかはわからないが、とにかく勉強し直して最新の審判技術を学ぼう。そしてそれを後輩に伝授し、と同時に簡単にはへこたれない「強い審判」を育てよう、そう決意したのです。

指導員としての第一歩

そのオフにまずやったのは最新の審判技術を学び直すことでした。私がパ・リーグに入局した1982年当時、専任の沖克巳さんという指導員がいたのですが、指導法はまさに徒弟制度のマンツーマン方式。きちんとした教則本はなく、フォーメーションは先輩の動きを見て覚えろ、判定の技術は盗むもんだ、という時代で、ごく簡単なメモ書き程度の小冊子があるだけでした。ですから毎日、ノートをバッグに入れ、帰りの電車の中では眠気をこらえながらその日の出来事を書き込んだものです。ただ先輩たちの言うことはそれぞれが経験則に基づくもので微妙に食い違うことも多々ありました。頭の中で混乱することも多く、系統立った知識としての財産になっていたのかはいささか不安もありました。

ちなみに、現在は日本野球協議会というプロアマ共同組織の発刊する「審判メカニクスハンドブック」（2002年に初版発刊、現在は第5版に改訂）があり、これには2人制から6人制までのフォーメーションの全てが記されていて、基本的なアクションも図版とともに説明されています。

その他、NPBには審判部内秘である「審判員マニュアル」が、アマチュアには全日本野球協会が編集した「野球審判員マニュアル」（ベースボール・マガジン社）が存在します。これらにはルールブックに明記されていない特殊なケースなどが事細かく、かつ具体的に記されています。いわばプロアマ問わず、審判員にとってバイブルのようなもので、「公認野球規則」とともにこの3冊は必携品です。

さて、まずは指導員としての第一歩を踏み出すための理論武装の準備として臨んだのは審判講習会への参加でした。何を今さらと思う方もいるかもしれませんが、自分自身もなまじ経験があるだけに思い込みや基本から外れた自己流でやっていたのではな

NPB発行のアグリーメント内規など

いかという反省がありました。これでは若手へ指導する際の説得力もないし、自信を持って言い切ることもできない。もう一度、徹底的に学び直そう。

そこで、当時3A審判員としてアメリカで活躍していた平林岳君（現NPBチーフ審判技術指導員）が主催する野球審判育成組織であるUDC（Umpire Development Corporation）のセミナーへの受講申し込みをしました。彼はかつてのパ・リーグ時代の後輩で、一軍でも頭角を現し始めたのに、その身分をなげうってメジャーリーグの審判員に挑戦していました。パ・リーグ在職中から豊富な知識と情熱には一目置いていた人物です。

オフの帰国時には多くのアマチュア審判を集め、このようなセミナーを開催していたのです。10月から12月にかけて隔週で行われた5回の内容は深く濃く、もちろんアメリカの最新技術も多く盛り込んであり非常に参考になるものでした。今でもその時のノートを見返すことがあります。

スロットポジション

さて、指導員として臨む初のキャンプでも取り組んだことがありました。それは投球を見るスタイルに関することです。今はスロットポジションという打者と捕手の間に位置し、その隙間から内角球はベースの縁を見て判定する、外角球は数多くの投球判定をこなし感覚として覚える、という見方が主流です。

もちろん国際的にもこの見方が常識となっているのですが、かつてはベースの真ん中に位置し両サイドを見て判定する、捕手の背中で見えない低めは多くの練習を積み感覚で判定する、というセンターポジションでの見方もありました。私の所属していたパ・リーグはこちらが主流で、もちろん自分自身もこの見方で29年間を全うしました。ただ2011年にセ・パで分立していた審判部が完全統合された時、もう何十年もやっているベテランはさておき、10年目以下の若い審判員は必ずやスロットポジションで見るべし、という指導方針が決まりました。

スロットポジション

実は1993年1月、アメリカ・フロリダ州にあったジム・エバンス審判学校へ派遣留学させてもらった時の5週間、このスロットポジションに挑んだことがあります。それなりに外角球の判定感覚もつかみ、意気揚々と帰国後の当時の近鉄キャンプ（宮崎県日向市）でそのスタイルを披露したのですが初日にしてダメ出しを食らいました。「そんな見方で外角球がきっちりと見えるわけがないだろう！」。まだ一軍にデビューして数年の若造に、その信念を貫き通す覚悟はありませんでした。

自分のスロットポジション経験はわずか5週間と1日しかなかったのです。この見方のどこが難しいのか、外角がどう見えるのか、高低を捕手の肩越しにとらえるにはどの程度近付けばよいのかなどは忘れてしまいましたし、まずはもう一度自分自身で経験しなければ、と思ったのです。

そこで、現役諸兄のブルペン練習がひと段落した頃に捕手の背後に立ち、事情を話して練習させてもらいました。時には「山崎さ〜ん、完全に外がボール2個分も外れてますよ」と笑われたりもしましたが、どのように見えるのかをきちんと認識したうえでなければ、指導もままなりません。もちろん今でもその感覚が十分に研ぎ澄まされたとは思えませんが、それなりにこの見方の難しさやメリットは理解できたと思います。まずは自分でやってみる、それは今も変わらぬ私の信条です。

私が現役引退した2010年には同時に5人もの退職者が出ました。セ・リーグ審判部長だった井野修さんは現役を退き、統合後の初代NPB審判長となりました。そしてセ副部長だった谷博さん、パ主任だった林忠良さんも2年間の嘱託契約を終え指導員専任となりました。私と同い年だった山本隆造君もその前年に体調を崩し1年の休職の後に現役を引退し、指導員となりました。新生NPB審判部の指導体制は井野審判長と、この4人の指導員でスタートしたのです。

まず、この5人で話し合われたのは指導方針と育成システムについてでした。もちろん一朝一夕でそのような大命題が決定できるはずもなく、以後、数年にわたり色々な変遷がありましたが、今はそれなりの形ある伝統として引き継がれています。この点については第3章で後述することにします。

新人との特訓

指導員初年度のキャンプは非常に印象深いものがありました。まず5人の現役審判の引退により、新たに5人の若者が採用されました。このルーキーを含む3年目以内の若手が各指導員に3人ずつほど割り振られ、ほぼマンツーマンで指導に当たりました。ルーキー審判5人のうち、審判経験があったのはわずか1人だけ。あとは全て素質だけを見込まれて採用された素人でした。それをたった1カ月ほどのうちに二軍の教育リーグ（オープン戦）で裁かせ、3月中旬には二軍公式戦の場に立たせなければならないのですから大変なことでした。

私が任された新人は「自動販売機」とあだ名が付くほどの巨漢（190センチ・95キロ）で、名門大学野球部の出身者。ただ審判経験は全くなし、野球センスや運動能力はかなりのものを感じさせましたが、こと審判としては全くの未知数でした。キャンプ初日のブルペンでは、迷ったままストライクもボールもコールできなかったり、投手を唖然とさせたり、捕手を腰砕けにさせてしまったり、といった珍プレーのオンパレード。

フォーメーションの練習ではサブグラウンドにミニフィールドを作り、ベテランに背後に立ってもらいました。そこで想定したプレーを何度も何度も繰り返して覚え込ませ、練習後の特訓では何十回もの「Go Stop」（審判の基礎訓練で、キャッチボールや素振りのようなものです。第3章90ページ参照）の反復練習。そして宿舎に戻ってからはお互いに疲れ切っていようが、全体ミーティングの前に個別反省会も行いました。これだけやっても、とても満足のいくレベルには到底、達しません。

キャンプ終盤の二軍と三軍の練習試合で初めて球審を9イニング任せた時には、なんと私のノートに4ページものチェックポイントを書かせてくれたのです。そんな彼も今では立派に一軍で球審を任されるようになりました。指導員の仕事の喜びは彼の成長とともに大きくなっていくのを実感できました。

いい人にはならない

指導員に就いた時に自分に誓ったことが二つありました。まずは「優しくて、いい人になろう」と思わぬこと。今は褒めて伸ばす、という考え方が主流となっています。もちろん人は褒められれば気分もいいし、次の日の自信につながるかもしれません。成功体験は大切なことでしょう。でも、この審判の仕事とは常に100点を求められるという特殊性があります。打者は3割で一流、投手だって防御率は2点台でも優秀ですが、審判だけは99点でも納得してもらえないのです。

常に100点を取るのが無理なのはわかっていても、そのマイナス1点を失くす努力が求められます。特に大きなミスをする前には必ずや同様の場面でヒヤリとすることがあり、油断もあるということを身をもって知っていました。

基本的なこと、些細なことをおろそかにし、どうせプレーはないからなど勝手な自分の思い込みで、自分自身が何度も痛い目にあっていました。それゆえに、どんな小さなミスも見逃さず、結果オーライではない根拠あるジャッジを求め、若手には決して妥協するまいと決意したのです。

当然、ノートに書き込むことも多くなりますし、試合後の反省会も長くなります。小うるさい指導員だなぁと思われても、マイナス1点を失くす努力を怠ったばかりに一流になれなかった悔いが今も自分にはありました。反面教師として、彼らの前に立つのは半ば義務でもありました。若手に迎合せず厳しく立ち向かう姿勢は退任するまで貫けたと思います。

スタンド観戦にこだわる

もう一つは絶対にスタンドで観ることでした。初キャンプの頃はネット裏の記者席や関係者席、あるいはベンチ横で座って観ていたのですが、そこからでは各審判員のプレーを見る距離や角度がわかりづらいのです。よって、ネット裏の最上段がいつしか定位置となりました。春先は風も強く、小雪が舞うようなこともあります。しとしと雨の降る日もあります。夏場の二軍戦は陽射しを遮るものはなく、スタンドからの照り返しもきつい炎熱地獄です。顔は毎年、タコ入道のように真っ赤になってしまいました。

二軍戦は原則的には12時半か13時の開始ですから、熱中症の心配もあります。実は毎年のように頑健なプロの選手や審判も何人かは倒れているのです。ある審判が気温38度という猛暑に倒れ救急病院へ連れて行ったら、隣のベッドには選手も運び込まれていて二人並んで点滴、なんてこともありました。

私がそれでもスタンドでの観戦にこだわったのは、単に審判員の動きが見やすいからだけではありません。彼らが今、味わっているグラウンドの苦しさやつらさ、寒さや暑さを共有したいという思いがあったからです。それを絶対に忘れてはならない、と。そのためには空間を

二軍戦で若手審判員の動きをチェックする（ファイターズ鎌ケ谷スタジアムにて）

遮断するガラス窓はあってはなりませんでした。そちら側にいて空調のよく効いた部屋にいたら評論家や傍観者になってしまいますから…。夏場になると妻は毎日、熱中症の心配をしていましたが、野球への熱中症はついに治りませんでした。

若手との対立

さて、こんな暑苦しいオヤジですから、時には指導を巡って若手と対立することもありました。言葉を荒げることはありませんが、それでもイライラすることは多々あり、それが態度に出るのは不徳のいたすところでもあります。特にことが大きくなったのは指導員2年目のみやざきフェニックスリーグでした。

発端はある審判員の寝坊。いつもは出発10分前には皆がフロント近辺に集まりザワザワとしているのに、彼の姿だけが見えません。そういえば、朝食の時にも見かけませんでしたから、直感的に「あっ、寝坊してるな」と思いました。それでも必ずや当日のクルーのうちの誰かが様子を察し、その時点で連絡するだろうと期待していました。

ところが、結局、出発時間になっても現れず、それから慌てて連絡をしたようです。そのため出発は15分以上も遅れました。時間厳守の審判界で、このようなことは絶対にあってはならぬこと。もちろん寝坊の責任は個人にありますが、それを察していたにもかかわらず、早めに対応しなかった仲間たちへの憤りもありました。球場への車中では憮然とし、その日の反省会でもこの一件で雷を落としました。

そんな伏線もあり、他の指導員に比べ山崎は異常に厳しい、山崎はどれほどの審判だったのだ、という不満が噴出してきたようです。対面ではにこやかに対応はしていても、若手だけのミーティングではかなり辛辣な自分への批判が飛び交っているという噂も聞きました。山崎は何でも審判長に「ちくる」という言葉も耳にしました。

試合の報告は当然の職務で、毎日レポートに書いていたことは事実です。ただし評価とはマイナスもありますがプラスだってあるのです。プラス評価には着目せず、マイナス評価だけを挙げて「ちくる」とは何事だと激しい憤りを覚えました。だからこそ妥協するつもりも迎合するつもりもありません。不穏な雰囲気のままにフェニックスリーグを終え、ギクシャクとした関係での最終日の打ち上げとなりました。これで明日からは実質的なシーズンオフ、という明るい宴席だったのですが、宴もたけなわの頃にある連絡が入りました。

悲しい知らせ

夏場に体調を崩し、このフェニックスリーグにも参加しなかった指導員の山本隆造君の容体悪化の報でした。3年前に患った胃ガンが全身に転移し、余命はあとわずかとの悲しい知らせでした。帰京後はまずは彼の入院する病院へ行き、こんな悩みを聞いてもらおうと思っていた矢先だったのです。

私と彼は同い年で、初めて名前を知ったのはもう40年以上も前のこと。淡路島の出身で近畿大学野球部の名ショートでした。あの江川卓投手（巨人）がクラウンライターライオンズ（現埼玉西武ライオンズ）に1位指名された時の2位で、将来を大いに嘱望されていました。一時は代打の切り札として、あるいは守備固め要員として一軍でも活躍しましたが、肘の故障に泣き5年で現役を引退。その後、審判に転身し卓越したセンスでめきめきと頭角を現したのです。

審判としては私の1年後輩でしたが、あっという間に抜き去られ、すぐに一軍に抜擢され日本シリーズにも最年少で出場したスーパーエリートでした。

ところが54歳の時に病に侵され現役を引退、1年間の休職後に私と同じ指導員として若手の育成に当たってきました。優しい人柄で若手からの人望も厚い、ナイスガイでした。

しかし、この年の夏、病が再発し床に伏しました。何度も見舞い、若手の様子などもメールで伝えていましたし、今回の若手との衝突についても誰よりも彼に相談したいタイミングでした。「なぁ、お前ならどうする?」と。でも、容態の悪化したうつろな目で微笑んでくれるだけでした。そして、その悲しいお見舞いから1カ月後に旅立ちました。

その日、志半ばにして世を去らねばならなかった友のためにも…そんな思いが、また若手指導への気力を奮い立たせてくれたのです。「俺はおまえの分までまだまだ走るぞ」と。若き日の新友が審友になりいつか親友、真友、そして心友となりました。彼の棺の中の手にはこんな手紙を花とともに添えました。

山本隆造君
いまだに貴兄がこの世から去ることを信じられず、途方に暮れています。あまりにも早すぎます。まだまだやり残したことはあろうし、奥さんとの豊かで穏やかな老後も楽しまずに逝ってしまうなんて性急にすぎます。
貴兄との出会いはもう33年も前になります。小生はパ・リーグ審判の1年目、貴兄はまだ西武ライオンズの現役内野手でした。実際に顔を合わせたのは春先の西武第2球場が初めてでしたが、実はそれ以前から知っていました。

同い年でもありましたし、近大のスター選手でしたからね。肘の怪我にも悩まされ5年で現役は引退、その後パ・リーグの審判仲間となり、以後は30年以上にも及ぶ長い付き合いとなりました。

飛び抜けた審判センスを持っており、若くして一軍にも抜擢され日本シリーズにも出場しました。とてつもなく羨ましい存在でしたが、決して小生を小バカにすることもなく、お互いの心の内を打ち明けられる、本当にかけがえのない存在でした。二軍時代はほぼ丸4年間、毎日のように顔を突き合わせ一軍昇格後もおそらく１０００試合近くをともに裁いたでしょう。文字通りの戦友でした。どれだけ一緒に酒も飲んだことか。
特にこの2年間は同じ指導員として若手審判のことをいろいろと話し合い、濃密な時間を過ごしたと思います。優しい人柄で若手からの人望も厚く、ガミガミ親父のよ

うな小生を実に巧みにフォローしてくれた、良き相棒でした。まだ56歳にして人生の扉を閉じねばならぬ無念さに、友として心が張り裂けそうです。

実は10月のフェニックスリーグでは若手と指導をめぐり衝突し、どれだけ貴兄に相談したかったことか。隆造ならばどうしただろう、そう思うことが何度もありました。もうヤケを起こし、こいつらは見放して辞めてしまおうかとさえ思いました。そんな時に、貴兄の容態が悪く、もう長くはないだろうとの報が入りました。それが踏みとどまらせてくれました。志半ばにして去らねばならぬ友のためにも…。そんな思いが湧き上がってきたのです。

実はいまだに貴兄の死から立ち直れず、メソメソしています。事あるごとに生前の日々が偲ばれ、楽しかったなぁ、いい奴だったなぁと…。今日も寒風の中、そんな思いを早く断ち切ろうと「俺はお前の分までまだまだ走るぞ…」とばかりに、身も心もヘトヘトになるまで走りました。でも、しばらくはダメでしょう。貴兄のために泣く、それも悪いことではないから。

今春のキャンプ、那覇の郷土料理屋で初めて聞いたことがありました。貴兄がある監督から殴打された時、その悔しさや情けなさから立ち直るのに7年もかかった、と。

で、その監督が野球殿堂入りし今も栄誉を讃えられ、悔しい思いをした貴兄が56年の生涯を閉じるとはなんと理不尽なことか。傍から見れば超エリート審判でしたが、実は小生と同じようなでこぼこ道を歩んでいたのでしょう。でも、そんな素振りも見せず歩み続けた姿は本当に立派でした。尊敬します。

貴兄とともにこの30数年を過ごせた幸せを感じています。どうか安らかにお休みください。きっと我々の指導員だった沖さんが、あの優しい笑顔で天国に迎えてくれるでしょう。合掌。

指導に熱をこめて

友の死をきっかけに、指導にもさらに熱がこもるようになったと思います。翌年からはそれまで月次レポートだったものを、毎試合のレポートとしました。前日のノートを開き、毎朝20分ほどかけて各審判員への指導内容を書きます。それを週間レポートとして、毎月曜日に審判長へ送ります。もちろん、これは正確かつ客観的な記録でなければなりませんから、恣意的なことは一切書きません。あくまでも事実のみの報告書ですし、言ったことへの責任を持たねばならないので、自分自身の記録としても貴重なものになりました。8年間で1000試合以上を書き記し、そのノートは19冊にもなりました。

各指導員から届くこれらのレポートを参考資料として、審判長の若手への評価も定まってきます。情報の共有という点も重要ですから、特にフェニックスリーグ期間中は休みを返上し、朝から晩まで指導員会議も行いました。そして年間評定表なども作成し、今後の各審判員の指導法などを話し合ったものです。

若手の一軍球審デビュー

特にうれしかったのは若手の一軍球審デビュー戦でした。これはもちろん全ての審判にとって生涯、忘れられない感激の日だと思います。試合前の国歌吹奏時には膝がガタガタ震え、それを聴きながらやっと俺もこの場に立てるんだという思いで胸がいっぱいになります。もちろん彼らのデビュー戦はほぼ全試合、観に行きました。試合が始まってしまえばもう何もできませんから、「指導」ではなく「応援」をするのみです。1球1球をスタンドで見つめ「よし、いいぞ」「うん、よく見た」そんな言葉を心の中で叫び続けるのです。

無事に試合を終えて緊張が解け、ホッとした彼らの顔を審判控室の入り口の前で見た時、それまでに叱り飛ばしたり慰めたりした様々な思い出がよみがえってきます。彼らからうるんだ目で「ありがとうございました」と頭を下げられ、固い握手を交わす時にはさすがにウルッときます。前述した故山本隆造君の顔も思い浮かばれ、この感動と喜びを彼とともに分かち合いたかったなぁ、と感慨深くもなりました。

一軍で球審をする、これがプロ審判になった時の第一の目標ですから彼らにすれば達成感で満たされていたでしょう。でもここはゴールではなく、本当の審判人生のスタート地点です。ここから先にはオールスターや日本シリーズ出場など次なる目標があります。

でも、どんな審判も順風満帆にそこへたどり着けるというわけではありません。今日、笑ってもすぐに泣く日が来るのがプロの怖さ。審判なんか間違えてもクビにならないんだろ、と思っている人も多いのですが、それは大きな間違い。実は一次定年（55歳）までこの職業を全うできる人はせいぜい半分程しかいないのです。

判定技術が未熟で解雇される、健康を損ねる、プレッシャーやトラブルの心労に耐えきれず自ら辞めてしまうなどのリスクを抱えています。だからこそ、長く続けることに意味があります。プロの世界で太く短くはダメ、とにかく長くやらなければ本当にいい思いはできません。

試合後、彼らには厳しいが「まだ初回の1アウトも取れていないんだぞ！」といつも声をかけました。本当に心からの喜びの握手ができるのはユニホームを脱ぐ最後の試合だけ。最後の試合の最終回の3アウト目を笑顔でジャッジできるよう、まだまだ厳しく見つめ続けよう、そんな気持ちでデビュー戦の球場を後にするのです。

新たな夢

そんな充実した日々でしたが、いささかのマンネリ感、そして渇望感も少しずつですが湧いてきました。もちろん毎年のように育成審判は入ってきますし、独立リーグに出かけて研修審判の様子を見るのは楽しいことでした。ただ、若手を育成するということはすぐに明確な数字や如実な結果が出て、審判割り当てに反映されるものではありません。それこそ畳の目を数えるような地道な成果の積み重ねです。

毎月、毎年、デビュー戦があるわけじゃありませんし、ほとんどはファームでの小さな、そして堅実な判定をコツコツと積み上げるしかないのです。時には大きな変化や刺激も欲しいでしょうが、ここを我慢しどれだけ粘れるか、それもまた若手と指導員の戦いでもありました。

その頃から新たな夢も芽生えてきました。実は現場で若手審判を育成するのも多いに意義あることですが、もっともっと深く広く、世間一般に審判員の存在価値を認めてもらい、権威を高めたい、支持する人々を増やしたいという強い希望が湧いてきたのです。そのためには広報活動が必要です。

実は組織内にいて、「審判技術指導員」という肩書を持っているとなかなか公の場での見解は述べにくいものです。例えばある難プレーについての解説や、なぜこの判断が妥当なのかあるいは不適当なのか、といったことを述べれば、当然ですが、NPB審判部の公式見解と受け取られてしまいます。また、それらを審判長の頭越しに述べることも僭越でしょう。そして解説者がいい加減なルール知識でとんでもないことを言ったり、明らかな取材不足で球団や選手側からの不満ばかりを書いたりというような報道を目の当たりにしても黙認せざるを得ませんでした。後にそれらが謝罪されたり、訂正記事になったりすることは皆無。

審判側はいつでも無防備のままに打たれっぱなしだ、という不満を常々、持っていました。どこかで逆襲をかけたい、この風潮に歯止めをかけたい、そのためにはフリーランスの立場で大いに書き、語りたいと思い始めたのです。そんなきっかけになったある事件がありました。その時の憤懣《ふんまん》は、このようなコラムとなりました。

石ころ

日頃は温厚な性格と自負していますが、時に怒りのスイッチが入り、「退場！」と叫び上げたくなることがあります。交流戦中でのこと、満塁でセカンド前に飛んだ打球に対し、二塁審判が避けきれずに当たるというシーンがありました。この場合はボールデッドで打者には一塁が与えられ、押し出される走者以外の進塁は認められません。もちろん審判団はこのルールを正しく適用し試合を進行させました。ところが某局のアナウンサーと野球解説者はこのルールを知らずに、生放送でとんでもないミスジャッジだと糾弾し、自信満々に断罪したのです。中継終了後に恥をかいたのは彼らですが、私の怒りの原点はそのルール無知ではありません。実際に何年に一度あるかないか、というプレーですし、内野手の後方で当たったのならインプレーですから混同したのでしょう。問題は審判を「石ころ！石ころ！」と連呼したことです。

我々は喜怒哀楽に涙し、斬れば血の出る生身の「人間」です。そしてルールを熟知したプロです。何百万人というプロ野球ファンが観ている責任への無頓着さ、そして血も涙も流す「人間」を「石ころ」と言うことへの怒りでした。プロの仕事へのリスペクトがあれば、こういった言葉は出てこなかったはずです。プロの本拠地球場には断じて石ころなど転がっていませんよ。

（２０１５年7月12日・北海道新聞朝刊「朝の食卓」）

思わぬ展開

例えば、こういった難ルールを知っている人は審判経験者以外では皆無でしょう。また、それゆえの失礼な物言いや勘違いも、そのままで通ってしまうのです。審判の修業の苦労とか就労実態、日々の努力、そしてフィールドで感じる喜びや仕事へのやりがい、それらをもっと多くの人々に知ってもらいたい。そしてそれらを伝えるのは、若手育成とともにまさに自分のこれからの仕事ではないかと思えてきました。

ただ前述したように組織内にいれば活動の制約は大きく、例えば講演や執筆に関してもすべてＮＰＢの認可が必要でした。マスコミへの出演や取材もすべて企画書やら申請書、審査などの手続きが必要で、しかるべき後に不可ということも度々ありました。いつかはこういった制約から離れ、完全なフリーの立場で審判の権威向上やそのための広報活動に励みたい、という思いは年々、強まってきたのです。

ただ、たいした実績もない審判だったのに指導員への道を切り開いてもらえた、という恩義は非常に強く感じていました。それゆえに自ら辞表を出し新たな道へ突き進む、という選択肢はありませんでした。オファーがある限りはこの職務を全うしなければならない、それは就任当初から自分に課していたことです。でも、できればまだまだ体力も気力も知力も十分にあるうちに次なる道を目指したい、そんな思いを60歳を過ぎた頃から強く抱くようになっていたのです。

そこへ思わぬ展開が待ち受けていました。２０１８年10月22日の夜、フェニックスリーグ期間中だったのですが、突然に「来季は指導員契約の更新をいたしません」という通告があったのです。事前の相談や打診もなかったので、ひょっとしたら「解任」だったのかもしれません。ただ、少なくとも自ら辞めるという形ではありませんから、自分にとっては恩義を裏切ることのない円満退職でした。

今後の視界がパアーッと広がったような喜びに満たされ、ホテルの小部屋で祝杯。もちろんすぐに妻にも電話をし、一気に事のいきさつを語りました。その日以降に書き込まれていたNPB関連の仕事のスケジュールは全て抹消。あとは12月の納会に出席し、退任の挨拶をすればよいだけです。今後の日程調整は全て自己管理で、業務命令もなく上司もいません（あっ、家庭内に一人いますが）。やらされる仕事はなく、全てが自分のやりたい仕事を見つけ出しに行くのみです。

そして迎える翌年の1月1日の年収見込みは0円。ここからどれだけ積み上げられるか、NPBの看板を外した山崎夏生はどれほどの男なのか、真価を問われる日々が始まります。まぁ、借金もありませんし妻と2人で食えればいいのだから高望みはしません。いよいよ食えなくなったら酒を止めて水を飲む、にすればよいだけです。

審判応援団長として

今後の肩書は「審判応援団長」に決めました。何があろうとも彼らの味方です。そして現役復帰し、グラウンドにも立ちます。その第一歩としてまず受講したのが「学生野球資格回復研修」でした。これは元プロ野球経験者が学生野球の指導者になるための、必須条件です。この制度は2013年にスタートし、毎年12月中旬に行われます。2018年度の受講者数は139人。3日間で延べ19時間、16講座というハードなもので、講師は各連盟や団体、スポーツ医学界などの大御所ばかりです。初日の受付時こそ久しぶりに会う元選手たちとの会話も弾み、同窓会的な雰囲気もありましたが、研修が始まれば一変しました。皆、一心不乱にノートにペンを走らせ、もちろん居眠りする者など一人もいません。

受講すれば即資格回復、というものではないのです。各講座に対するレポートを書き、修了証とともに申請書、履歴書を提出し翌年2月の最終審査を待ちます。これが通れば、晴れて学生野球の指導者への道が開かれますが、その年の合格者は116人で、23人もが残念ながら不合格となる厳しさです。これまでに1200人以上の元プロが資格を回復しましたが、実際に高校や大学で監督を務めているのはまだ五十数人だけです。外部コーチや臨時コーチを含めてもそう多くはありません。

講師の方々からは高度な野球技術と知識や経験を持っていても、求められる資質が違うことを徹底的に教えていただきました。学生野球の現場では技術指導者以前に、教育者であるべきだと。暴力的指導やパワハラなどはもってのほか、自分の過去の野球のみを絶対と信じず、常に最新の知識を求めること。そして何よりも選手ファーストでなければならないと。

私の受講目的は野球指導者になることではありません。ただ元プロ審判と言えども「学生野球憲章」によりグラウンドへ立ち入ったり、指導したりすることは禁じられています。実はこれを知らずに何度か関係者に迷惑をかけてしまったこともあり、今後は堂々と母校のグラウンドに入り後輩たちと審判を通じ存分に野球を楽しみたい、という願いからの受講でした。学生野球を経ずにプロの世界に入ったものなどいません。学生野球は全ての野球人にとって原点です。そこでもう一度、本気の汗と涙を流せば、プロとは違う野球の魅力にまた出会えると思いました。

そして今は毎週のようにアマチュア審判員として活動しています。地域のソフトボール大会、少年野球や高校野球の練習試合、大学のＯＢ戦など、あらゆるカテゴリーの試合に出場し、また心地よい汗をかいています。

楽しみを主目的とする試合ならば真っ赤なユニホームにヘルメット型マスクをかぶり、プロ仕込みの大きなコールと派手なアクションで盛り上げます。学生野球ならばそれは封印し、薄いブルーの高野連仕様のユニホームで基本通りのスタイルで裁きます。もちろん現役を退き10年以上も経っていますから見る力は衰えていますし、動きも年齢相応にしかできません。それでも心がけていることは、元プロとして恥ずかしくないような、お手本となるグラウンドでの基本的姿勢を見せたいということです。

　プロの世界は一つの判定がお互いの生活に直結するシビアなものでしたから、時にはチームと敵対することもありました。仕事としての審判ゆえ、報われる基準はそれなりの年俸と少しの自己満足だけでした。が、ここではプロの世界では味わえなかった喜びを感じています。それはあらゆる場面で示されるチームからの「感謝の心」です。もちろん野次をとばされたり、激烈な抗議を受けたりすることはありません。暑い日にはマネージャーや控えの選手が給水に駆け寄り、冷たいおしぼりを差し出してくれます。試合前後には監督や部長が慰労の言葉をかけてくれるし、退散する

アマチュア野球でのジャッジの様子

時には選手たちが帽子を取り深々とお辞儀もしてくれます。そのすべてがプロでは味わえなかった新鮮な喜びでした。

アマチュア審判として甲子園や都市対抗などの全国大会、あるいは最高峰であるオリンピックへの出場といった華々しい舞台に立てるのはほんのひと握り。ほとんどの審判員には無縁の世界です。それでもこうした小さな場面の端々で感じさせてくれる敬意あればこそ、また球児たちのために明日もグラウンドに行こう、と奮い立たせてくれるのです。

大きなコールとアクションで野球の楽しさを伝える、そして審判の権威向上に努める、野球への愛を語り書く、これをライフワークとし、あと10年ほどは突っ走ることを自分自身に誓いました。1割の不安と9割の希望、というのが実感。さぁ、自分の第四の仕事人生の始まりだ。ちなみに第一は日刊スポーツ時代の3年間、第二はパ・リーグ審判時代の29年間、そして第三はNPB審判技術指導員時代の8年間でした。さて、第四の時代、何年続くのだろうか。

二人の父

私には二人の父がいました。一人は野球が大嫌いで、もう一人は大好き。

前者は平成元年に逝った実の父で温厚そのもの、誰にでも優しい人でした。戦後も全国各地から多くの戦友たちが我が家に集い、酒を酌み交わしながら当時を懐かしんでいたのを思い出します。死の最前線から生き延びてきた男たちだからこそ、今ある生に何よりの喜びを感じていたのでしょう。お互いの家族の写真などを見せ合いながら、最後は軍歌を歌っていました。共有する歌が校歌や寮歌ではなく軍歌というのも今では寂しいことですが、あの勇ましいメロディーと大声はこれからも強く生き抜くぞという決意だったような気がします。

およそスポーツなどとは全く無縁の青春でしたから、野球への理解はほとんどありませんでした。私がプロ野球審判になると言い出した時には激怒し、しばらくは勘当同然の状態となり実家へ帰ることもままなりませんでした。それでも最後は、それもお前の生き方だろう、と応援してくれたのです。

そんな父が76歳になったばかりの秋、悪性リンパ腫を患いました。すでに全身に転移しており余命は半年と告げられたのです。12月末に病床へ見舞いに行ったのですが、すぐに追い返されました。私のことは心配せず、来たるべきシーズンに備えルールの勉強やトレーニングに励めと。その後に届いた遺言のようなハガキには「君がこの途を選んだのだから精進し、この途で生きなさい。応援しています。」と書かれていました。初めて認めてもらえたような気がしました。翌年3月20日、天国へと旅立ちました。その翌日は一軍球審への最終テストのオープン戦でしたから休むこともままならず、父の死に目には立ち会えませんでした。遺影にその日のボールを捧げました。

一軍へ上がるのに8年もかかり、とうとう一軍での晴れ姿を見せることができなかったのが、悔やまれます…。逝ってから3カ月後、初めて母に遺影を抱かれ、東京ドームに来てくれました。「フィールド・オブ・ドリームス」という映画のラストはいがみ合っていた亡父の幽霊とのキャッチボール。一球ごとに心のわだかまりが溶けてゆくこのシーンに泣かされます。私は父の思いを受け止めずに、投げるばかりでした…。

後者は審判指導員だった沖克巳さん。鬼瓦のような面相でしたが、優しくもあり厳しくもあり。ある時、ミスジャッジの言い訳で「うっかりしてました」と言ったら「いつまでもうっかりしてるんだったらさっさと辞めちまえ！」と怒鳴られ、初めて拳骨を食らいました。その痛さに顔を歪めましたが、泣いているのは沖さんの方でした。「お前を娘の婿にしたかった」とも言ってもらえました。私と同年齢だった一人娘を二十歳の時に交通事故で失っていたのです。「こいつをなんとか一人前にしたい」、そんな本気の愛情を毎日の指導から感じました。

二人の命日にはいつも遺影の前で手を合わせ、この一年の日々を語りかけています。遊びで始めた野球でとんでもない苦労を味わいましたが、それ以上の喜びも与えてもらいました。「父さん、ヘボだったけどとにかく諦めずにやり抜きました。引退試合、見てもらいたかったです」「沖さん、教えてもらった審判道、伝授しています。孫弟子たちがもう何人も一軍デビューしましたよ」。

後で効くのがオヤジの小言と冷や酒だとか。その時は恨みもしましたが、この歳になってようやく五臓六腑にしみ渡ってきました。さて、少しは二人に褒めてもらえるような生き方をしてきただろうか…。

沖克巳さん（左）と著者の父親

第3章 プロ野球審判員の採用と育成

若手の審判が一軍の公式戦にデビューする日。「今までにこなしてきた練習量を信じろ」と声をかけます。その日まで、今は少なくとも塁審ならば6〜7年、球審ならば7〜8年の下積みを経験してからでないと、この舞台に立つことができません。

研修審判員時代の独立リーグ、育成審判員になって初めてのNPB球団のキャンプから教育リーグ、オープン戦、そして二軍戦で何百試合と立ってきて、その成果を認められてこの場にいるのだ、という喜びを感じるはずです。そして、この場に立てなかった多くの同期生や仲間たちへ恥ずることのないよう、「精いっぱい裁いてこい」と送り出します。

私も指導員として若手のデビュー戦には必ず立ち会ってきました。無事に終えてがっちりと握手をする時、指導員の喜びを最大に感じます。ウルッともきました。この章では一軍審判員になるまでの長い道のり、採用や育成システムについてお話しします。

審判員の採用

　私が審判員になった1980年代、採用される方法は三つありました。まずはプロ野球退団者が所属していた球団からの推薦をもらい入局するという方法。もちろん本人の意欲確認とともに球団も十分な人物審査をしますし、運動能力や野球センスに関して問題はあろうはずがありません。プロ野球創成期の審判員は全員が元プロ野球選手でしたし、当時も3分の2以上は元選手でした。ただ、その数は年々、減少しており2020年は現役54人中たった13人しかいなくなりました。

　次に多かったのがアマチュア審判界、例えば東京六大学とか東都大学野球連盟、各地区の高野連などで腕を磨き、力を認められて、所属団体からの強力な推薦をもらい入局する方法。もちろんこういった新人はルール知識や実戦力に長けていましたし、即戦力ともなりました。1年目から即一軍戦に出場する、という人もいました。

　最後は公募試験です。スポーツ紙などに選手の入団テストと同様に公示され何十人、多い時には100人を超えるような候補者の中から選ばれます。そこで走力テストや実践的なコール、簡単なルールテストなどを行います。とはいえ、たった1日では能力を見極めるのは難しく、ましてや性格的な向き不向きや人間性などはとてもわかるものではありません。失礼な言い方かもしれませんが、当たりはずれの多い、リスクある採用方法でした。ちなみに私はそのどれにも該当しない裏口入学のようなもの。当時のパ・リーグ会長への直談判で採用してもらえたのです。全くの審判未経験者でしたが、体格の良さ、声の大きさ、そして何よりも、情熱（図々しさ？）が伝わったようです。テスト生として春季キャンプに連れて行ってもらい、約3週間の長きにわたる審査の結果での採用でした。

さて、採用以前の大原則があります。たった60人前後しかいない組織ですから、退職者が出なければ採用はありません。ですから数年間も空白の世代、あるいは団塊の世代のような塊があって5～6人が一気に辞めてしまうような年次もありました。いわばいびつなピラミッドのようなものです。

セ・パの対立

当時は審判部もセ・リーグとパ・リーグが分立していました。いわば同一業界内のライバル会社のようなもので、ことごとく対立していたのは事実です。ですから採用方法も統一されておらず、各リーグの審判部に一任でした。もちろん最終判断を下すのはリーグ会長であり、審判部長でした。

セ・リーグとパ・リーグの対立は与党対野党のようなもので、まずは反対ありきの対案なし。ジャッジのスタイルはもちろんストライクゾーンの違いやボークの基準、同じであるはずのルールの解釈でさえ食い違っていることもありました。

ただ2000年代からフランチャイズ球場の移転や新規参入球団などもあり、北は北海道から南は福岡までと12球団の本拠地は幅広く分散するようになりました。効率的な審判の移動や割り当てのためにも組織を大型化し、その内部調整での起用が経費の面でも望ましくなってきたのです。

そしてセ・パ分立状態では将来的に健全なる野球界の、そして審判界の発展につながらないという観点から、ついに両審判部が2010年に統合されました。とはいえ、この年はまだ移行への試用期間で二軍戦だけはセ・パ混成クルーで行われ、一軍戦はまだ前年の所属のままでした。

完全統合されたのは2011年からです。まずは覇権争いや複雑な人間関係、採用基準や育成方針の違い等々、問題は山積みでした。それを仕切る当時の井野修・初代NPB審判長（元セ・リーグ審判部長、現ＮＰＢ規則委員）の苦労は大変なものだったと思います。

育成方針の確立

まず取り組んだのが育成方針の確立です。選手は力さえあれば、例えば高卒1年目でもエースや4番打者になれます。実力を明確な数字で示せるからです。ところが審判はいかに見る力が優秀で、アマチュアでの実績があろうとも、実力を数字で示すのは無理な話です。なぜなら、何よりも「経験」という、数字で表せぬ力がものをいうからです。安定したストライクゾーンや確固たるルール知識、難プレーに出会った時の対応力、スタンドからの野次や罵声がとぶ修羅場での堂々たる振る舞い、それらは一朝一夕にできるものではありません。

促成栽培をすれば必ずやその歪みが後々に出てきます。実際に二軍で経験すべきことを一軍の舞台でやってしまえば軋轢も大きく、精神的にもきついでしょう。それで追い詰められ辞職してしまったり、心を病んだり、伸び悩んでいる実例も数多くありました。そこで試合を仕切る力や抗議への対応力、クルー内でのリーダーシップ、それらを学ぶには最低でも5年間の二軍戦での修業が必要との基準を設けました。

ファーム

ここで、簡単にNPBの二軍組織の説明をいたします。二軍戦は一軍戦とはまた違った魅力があり、経験しなかった選手はごくまれです。まず各球団には70人の支配下選手がいます。そのうち、一軍登録選手は28人ですから残りの42人が二軍選手という扱いです。他に12球団で100人近い育成選手がいますが、彼らは一軍戦への出場資格がありません。ソフトバンクや巨人は三軍まであり、独立リーグや社会人・大学チームとの交流戦も頻繁に行われています。

公式戦は年間に140試合以上が組まれていますが、雨天の再試合はないので実際に行われるのは120〜130試合。ほとんどがデーゲームです。二軍の最終目的は一軍へ戦力を送りこむこと。ドラフトで獲った素材をじっくりと育て、実を結ばせる場ですからファーム（農場）とも呼ばれるのです。

ファームで作物を育てるのに必要なものは、土と水と手間暇。土を練習施設、水を練習で流す汗、手間暇をコーチ陣の指導と置き換えればわかりやすいでしょう。そして何よりも大切なのは多くの肥料。これは実戦の場でしか学べない生きた打球や投球への対処法や様々な経験を指します。

最初はひ弱で枯れる寸前にも見えた茎がある日を境にぐんぐん伸び始める、あるいは見映えは悪いけれど味わってみたら濃厚でいい味を出す、そんな風に育っていく作物（選手）を見る喜びを一番、身近に感じられるのが二軍戦です。

侍ジャパンの主力となるような選手も、実はほとんどが数年前まではファームでもがき苦しんでいました。華やかなカクテル光線を浴びる前に流す炎天下での汗をスタンド最前列で見られ、彼らの肉声や強烈な打球音なども鮮明に聞こえる、そんな魅力にあふれた空間なのです。もちろん審判たちもしかりです。

奥深い基本

さて、ファームでの若き審判たちの修業内容ですが、いよいよ一軍へ、というクラスならばジャッジの絶対的な正確さやアクションの格好良さが求められます。しかしキャリア

5年目以下の若手にはアマチュア審判と同様の基本形、そして「ハッスル」（91ページ参照）しか教えません。プロならば派手なパフォーマンスでスタンドを沸かせ目立つということも悪くはありませんが、その前提にあるのは何よりも基本です。基本ができなければ見る位置や角度も定まらないし、フォームも我流では決して格好良くはなりません。また、行き詰った時に立ち返る原点がファームでの修業の日々にあります。最初の5年間で学ぶことは野球で言うならばキャッチボールだけなのです。

おそらくどのチームもストレッチやランニングが終わればキャッチボールから練習を始めます。もちろん初心者の頃はコントロールも定まらずワンバウンドや相手を飛び上がらせるような送球ばかりですが、それでも数年も経てばそれなりには投げられるようになります。で、これでキャッチボールは習得できたのかと言えばそうではありません。この基本的な練習こそ最も奥が深いことを経験者ならば誰もが知っているでしょう。

例えば、山本昌投手（中日）は50歳まで現役を続け球界のレジェンドと呼ばれましたが、最も重要視していた練習がキャッチボールだと語っています。マウンドに立つ前に、正確にぶれずに投げられるか否かが調子のバロメーターだったと。たった5メートルの距離ならば誰でも相手の胸元に投げられます。でもそれが20メートルや50メートルになったらどうか？　体勢が崩れようが、大雨や強風の悪コンディション下であろうが、きちんと相手の胸元に投げられるか？　それができてこそ次の段階の精密なコントロールや素早いスナップスロー、ランニングスロー、ジャンピングスローなどにつながるのです。

投げる瞬間の指先の微妙な感覚は、毎日のキャッチボールでしか磨かれません。捕ることもしかりです。頭上や膝元、時にはワンバウンドでも巧みに操るグラブさばきはこの練習の繰り返しです。

Go Stop

審判員のキャッチボールとは「Go Stop」です。10メートルほどの距離を走り、瞬時に止まり、そこでアウト・セーフ・タイムを繰り返すだけの単調な動作で、初心者でも10分もやればそれなりのことができるようになります。とはいえ、この練習はプロで何十年もやったベテランでも必ずやキャンプ前の合同練習でするのです。若手ならばシーズン中にも毎日します。なぜか？

実はこの練習の中に審判員の動きの全てが入っているからです。俊敏なダッシュ力、必ず止まってプレーを見る、最終判定までのタイミング、美しい手の上げ方、広げ方など…。これらを何千回、何万回も繰り返すことにより、どんなプレーにも対応できる本物の技術が身に付くのです。熟練した審判員は、想定外の崩れたプレーにも慌てずにきれいにジャッジできます。なぜならフォームを体が覚えているので、見ることだけに専心できる余裕があるからです。

もう一つ「ハッスル」も徹底的に教えこみます。これも誰にでもできることです。打球や送球の行方を読みダッシュし、瞬時に止まり見る。万一のプレーに備えカバーリングに駆けつける。それを全力疾走でこなす。これが「できない」のは「やらない」からです。やる気があればできるのです。やる気はまずは行動に現れるもの。若い時にやらない人間は一生やりませんから、この時点で彼は審判失格でしょう。

全力で声をふりしぼれ！

また、若手に口酸っぱく言っていたことがあります。ある舞台俳優さんと会食した時に印象に残った言葉ですが、彼女は「役者にとって大切なのは一に声、二に声、三に声、四に姿で五が顔」と語りました。姿は衣装で、顔はメークでいかようにも変えられるが、声だけは絶対に変えられないのだとか。そして何よりも表現力があり、メッセージを観客に直接に伝えられる最大の武器になるそうです。そう言われれば名優と呼ばれる役者さんは皆、声に特徴があり魅力がありますね。歌手もしかりです。聴いただけですぐに顔が思い浮かんできます。

実はこれは審判員も同じ。とにかく球審ならばド真ん中だろうがワンバウンドするようなボールであろうが、全球に全力で声をふりしぼれ！　塁審ならば誰が見ても明らかなアウトでもセーフでも、きっちりとコールしろ！　超満員の甲子園や東京ドームなどではいくら大声を出したってファンの歓声にかき消され、聞こえもしないのになぜか？

目的は二つあります。まずはプロ審判員として不可欠な野太い声を身に付けるため。声帯も筋肉と同様、一時的に組織が破壊されそこから再生される時にさらに強靭なものが生まれるのです。プロで10年も鍛え上げた先輩たちのコールの強さはそれゆえです。

でももっと大切なのは、審判の声から選手やベンチに「気」を伝えることです。空気を切り裂くような「プレイ！」に始まり、見逃し三振を宣告する「ストライク！」、きわどいコースを見切る「ボール！」、それらが弱々しければ誰も納得しません。審判員とはいわば両チームの間に入って喧嘩の仲裁を行うようなもの、冷静に対処するのが最重要ですが、時には彼らを圧倒するような気迫で立ち向かうのも必要。自信あふれる人間の声は大きいのです。

NPBアンパイア・スクール

さて、話を採用に戻します。前述したようにセ・パ分立当時は採用も各リーグで行われ、基準も曖昧でした。公募にしても縁故者の推薦がなければ受験もできないという年もありましたし、実戦力に重きを置くのか将来性なのか、体格や運動能力はどの程度が必要とされるのかなど、一般企業の採用とはずいぶん異なっていました。少人数を採用しじっくりと育てるのですから、まずは間違いのない資質があるか、この小さな組織に受け入れられる豊かな人間性はどうか、一定水準以上の運動能力や野球センスを持っているか。それらを見極めるためにはある程度の時間も必要です。そこで一つのプロジェクトが誕生したのです。それが２０１３年12月に開校したＮＰＢアンパイア・スクールです。ここでの成績優秀者をスカウトする、という方針が決まりました。

当時の井野審判長はかつてセ・リーグ審判員として初めてアメリカの審判学校へ派遣留学された経験を持っていました。指導員の平林岳君はパ・リーグ審判を9年間務めた後にMLB審判を目指しジム・エバンス審判学校に再入学し3Aにまで昇格しました。この経験豊かな2人と私、そしてNPB法規部長の伊藤修久さんの4人で数年間の月日をかけて企画立案し、その年の6月に概要が決まりました。NPBのホームページのみならずマスコミ各紙からプロ野球主催球場などでも告知し、募集では一切の縁故を排除し、全ての若者に機会均等の門戸開放としました。

札幌市消防学校

さて、そこで適性を見極めるのには褒めるのか、叱り飛ばすのか、自主性に任せるのか、

アンパイア・スクールで、生徒に個別指導している様子

追い込むのか。どんな手法にも一長一短がありますが、要は強い体と心を持った真のプロフェッショナルを選ぶのが最終目的。そのために、このスクールを開校する前に参考とした学校が二つありました。いずれも自分のこの目で確かめてきたプロフェッショナル養成機関です。

ひとつは開校前年にたまたま講演で訪れた札幌市消防学校。まずは校長先生に施設の案内をしてもらいました。その日は体育館でロープを張った空中での移動訓練が行われていましたが、教官からの厳しい声や仲間からの声援に歯を食いしばって何本も何本も繰り返します。真冬なのに床には汗が飛び散っていました。他にも高層マンションを想定した建物での訓練や、プールでの救命実習などもあります。

生徒は訪問者にはきちんと立ち止まり、大きな声で挨拶をする18歳から28歳までの若者たちで、全寮制です。昔の学生寮のような、下が収納ボックスになっている畳敷きのベッドで4人部屋。3食すべて学内の食堂で、授業は毎日たっぷりと8時間。テレビは娯楽室にある1台だけ。まさに軍隊のような生活でした。

校長曰く「人の命を救う仕事であり、時には自らの命も賭すのだから生半可な覚悟ではできない。一人でも現場でひるむ者がいたら皆が危険にさらされる」と。何よりも大切なのは高い使命感と仲間を信頼し助け合うチームワーク、それを学ぶのに共同生活は欠かせないのです。悲しい事実ですが、卒業生の中から30余人の殉職者が出ており、彼らの名札が教務室の前に貼られていました。殉死した状況や年齢を見た時、体が震えました。審判同様、一瞬の気のゆるみや判断ミスがとんでもない事態を引き起こします。この名札をもう1枚たりとも増やすまい、生徒たちはそう心に誓って日々の研鑽に励んでいました。

日本競輪学校

実技面はさておき、プロを目指す若者たちに心のあり方や継続的な努力の大切さをどう伝えるか、それもスタッフの重要課題でした。そこで開校前に日本競輪学校（現日本競輪選手養成所）の見学へも行ってきました。プロスポーツでは相撲界と双璧と言われるほどに厳しい教育で有名なところです。

養成所は伊豆の山奥にあり、男女60人ほどが猛練習をしていました。我が子ならば正視できないような苛酷さです。登坂訓練の坂はまるで壁のようにそそり立ち、模擬レース後は初冬の寒さなのに全身から汗が湯気のように吹き出していました。「もがき」と呼ばれる訓練では最大心拍数が180から時には200にまで跳ね上がるそうです。

禁酒禁煙はもちろん、携帯電話もネットからも隔絶される全寮制の10カ月間。入校時は皆が平等ですが、翌日からは競走成績順に帽子が金・白・黒・赤・青と5段階に分けられ、プロは平等ではない、ということを徹底的に思い知らされます。卒業後も力があれば最短3カ月でS級（最上位）に上がり何千万円も稼げますが、成績下位が続けばたった1年半でクビです。頼れるのはモーターでも馬でもなく、自分の2本の足だけですから怠け者はすぐに淘汰されるでしょう。

競輪界で飯を食いたければ練習し続けるしかない、文字通りの「自転車操業」です。でも、自分がプロとして何をなすべきか、目指すべき未来はどうか、という点がぶれなければ日々の努力は楽しみとなり、結果もついてきます。

この二つの学校に共通する点は、生徒自らがこの職業を強く望んで入ってきた、ということです。もちろん適性は大切ですが、才能を認められスカウトされたお客さんじゃありません。契約金だってもらっていないのだから卒業後にも辞める自由はいつでもありま す。それでも辞めない心を支えるのは仕事への「責任」と「情熱」を学んだからです。自分がプロとして何をしなければならないのか、どうあるべきかという姿をきちんと知ったからです。

　こんな風に当たり前のことを手抜きせずに当たり前にやる習慣を身に付ける、これがプロフェッショナル教育の原点ではないでしょうか。採用に向けても本気でプロ審判を目指す若者ならば徹底的に厳しく追いこもう、容赦はしない、そう基本方針が決まりました。

アンパイア・スクールのメニュー

　さて、ＮＰＢアンパイア・スクールは２０１９年までに7回行われましたが、毎年１３０人から１７０人ほどの応募者があります。きめ細かい指導をするための施設（ロッテ浦和球場）やインストラクター（ＮＰＢ若手審判）の負担を考えると現時点での定員は60人ほどが限界です。

　そこで一次選考の書類審査となるのですが、最優先されるのは本気でＮＰＢ審判を目指す若者。年齢的には18歳から25歳くらいまでです。育成に時間をかける方針が決まっていますから、やはり30歳過ぎでのチャレンジには無理があります。

　とはいえ、採用だけが目的で設立したわけではありません。幅広く審判の魅力を伝え、ここでの受講経験を所属連盟に持ち帰りアマチュア審判界の財産にしてもらいたいという願いもあります。ですから、中高年枠ということで指導者クラスの方々や、女性枠も数人程度ですが設けました。実技メニューは20代前半の若者を対象に組んでいますから相当にハードですが、それらにも頑張り抜く中高年や女性の姿は必ずやスクールの良き刺激となり、受講生たちの一体感を生むとの期待もありました。

アメリカの審判学校が5週間かける課題を6泊7日でこなすのですから、朝から晩まで息つく暇がありません。インストラクターが倒れるか、受講生が倒れるかという真剣勝負の場です。実際に毎年、何人かは故障や体調不良でリタイアしますが、それでも手加減はしません。なぜならここはプロへの登竜門で、この先にはもっと高いハードルがあるからです。まずはここを突破する強靭な体力と精神力は必要最低条件でもあります。

朝は8時半にロッテ浦和球場へ集合し9時スタート。3班

アンパイア・スクール。フィールドでのトレーニング風景

に分けられた受講生はメイン球場、サブグラウンド、ブルペンで様々な課題を与えられます。基本的な「Go Stop」に始まり、2人制フォーメーション、実戦に即したプレーへの対応、投球判定など内容は日を追うごとに深まっていきます。休憩は40分ほどのランチタイムがあるだけです。16時頃に終了したら各自、すぐにホテルへ移動し18時に夕食。そして19時から21時半までは座学です。

講話やルール勉強、毎日テストもあります。ですから、隙間時間を巧みに使って洗濯や予習・復習もこなさなければなりません。もちろんスタッフの忙しさもしかり。必ずや一日の終わりにはミーティングをし、今日の反省や明日のメニュー確認、そして受講生の情報交換などもします。

アンパイア・スクールの夜の座学。ルールテストをしているときは、物音一つしない

最終日のキャンプゲーム

そして最終日に行われるのがキャンプゲームという2人一組（球審・塁審）で行われるテストです。与えられるチャンスは表裏の1イニングだけ。実際にプレーヤーが各ポジションにつき、走者も全力で走る実戦形式のノックです。そこには投球判定のみならずボークや守備妨害、走塁妨害、タイムプレーなど、これでもかというほどの難プレーが盛り込まれ、時には監督の激烈な抗議があり「退場！」のコールが響くことさえあります。

うれしいのはライバルであるはずのペアが必死にその難プレーに立ち向かっている時、自然発生的にベンチで待機している受講生たちから大きな声援が飛び始めるのです。「頑張れー！」「負けるなー！」「グッジョブ！」など、苦しかった数日間の共有体験が皆の心を一つにまとめてくれる瞬間です。フィールド内の審判は孤独なもので、ジャッジの責任は個人のもの。でもゲームの責任は全員にあるからこそ、審判団はアメリカでは「The Third Team」（第3のチーム）と呼ばれます。両チームとこの審判団の3チームがリスペクトしあい、最高のパフォーマンスを発揮してこそ野球というゲームが面白くなるのです。精一杯に戦う仲間を応援する、その気持ちを伝えられたなら、それだけで十分にこのスクールの存在価値があるでしょう。最終日の面接や打ち上げではさまざまな思いがこみ上げ、涙ぐむ受講生やスタッフの姿も珍しいものではありません。それほどの感激を与えてくれる7日間です。

特に近年で印象的なのは、インストラクターたち（若手審判員）が大いなる成長を見せていることです。毎年1月から2月にかけての5週間、アメリカの審判学校へ5年目前後の若手を2人ずつ派遣留学させています。そこで学んできた最新の審判技術やポジショニングなどをきちんと自分の中で整理し、的確に伝えてくれています。このスクールはNPBが恒常的に継続する大切な事業ですから、全審判員がその指導スキルを身に付ければ今後の運営はもっと充実した内容になるでしょう。そこからさらなる進化を遂げるはずです。

先述したように毎晩、座学終了後にはスタッフ会議があり、22時半から23時過ぎに解散となるのですが、その後にまた若手だけで何度もミーティングを行っていました。混乱し

アンパイア・スクールの最終テストとなるキャンプゲーム。査定する指導員が並ぶ

がちなケースの整理確認や、もっと良い教え方があるのではないか、説明は的確だっただろうかなどを話し合い、時には深夜の2時過ぎにまで及ぶこともあったそうです。その熱意もさることながら、こうして自分自身がこのスクールでのインストラクターやデモンストレーター（実演者）を務めることによって成長しよう、という意欲に心打たれました。

人に教える、ということは自分の中に確たる理論と実践する力がなくしてはできません。プロ審判員として受講生の前で恥ずかしい姿は見せられない、そんなプライドや責任感は大切なものです。そして審判団というチームとしての結束力と、お互いの力を認め競い合うライバル意識、それもまた深夜のミーティングで培われたのではないでしょうか。このスクールの副産物でもありました。

現役審判の講話

アンパイア・スクールのカリキュラムには現役審判の講話もあります。数年前のとあるベテランの話が印象に残りました。彼は元プロ野球選手から審判に転身し30年以上になります。当初は何とか選手やファンからの信頼を得ようと躍起になっていました。ところがこの仕事、クロスプレーでは必ずやどちらかに不利になるので、正しい判定でも野次られます。結局、八方美人にはなれなくて行き詰まり、ここで限界を感じたそうです。

では、誰が一番自分の仕事を評価してくれるのか？　やはり同じグラウンド内にいる審判なのです。厳正な判定、日々の努力、周囲への目配りや気配り、そういったものを理解するのは彼らであり、逆に手抜きやいい加減な判定に一番シビアな目を向けるのも彼らです。最も大切なのはこの仲間からの信頼を得ること。それを悟った時に大きな壁を破れた、と語りました。

もう一つはある年のエピソード。成績上位者6人が2月の宮崎キャンプに集められ、5日間の最終審査が行われました。その2日目、とある受講生が膝を痛めました。相当にハードなメニューでしたから無理もありません。歩くのもままならぬ状態、でも心を鬼にして声をかけました。「ここでリタイアしたら明日以降のプラス点はない。ならば君の合格可能性はゼロだ。チャンスは今しかない、這いつくばってでもやれ！」

彼は翌日から膝をガチガチにテーピングで固め、歯を食いしばって耐え、皆と同じ課題をこなしました。そして最終日に研修審判員の合格を勝ち取ったのです。これほどまでに追い込み頑張らせたのは、この先にもっと辛く苦しいことが待っているから、ここがプロへの通過点だからです。彼が本当に一軍審判になれるのはまだ先で、なれないかもしれない。でもあの時、膝の痛みに負けずによかったと思わせたい、今はそう強く願っています。

遥かなる一軍への道

このような激烈な審査の結果、実はＮＰＢ研修審判員として採用されるのはほんの4～5人程度です。まずは独立リーグ（ＢＣリーグ・四国アイランドリーグＰｌｕｓ）に派遣され、年俸１０２万円（６カ月契約）という厳しい条件下で実戦力を磨きます。もちろん指導員も月に数試合程度、視察に行き指導もしますが、実際は両独立リーグの審判部長に徹底的に基礎を叩き込んでもらっています。

その成果を試されるのが、毎年10月に宮崎で行われるフェニックスリーグです。開催の時期に公式戦をやっているのはクライマックスシリーズを勝ち抜き、これから日本シリーズに挑む2球団だけですが、この地にはなんと16球団が参集しています。ＮＰＢ12球団の他、韓国から3球団、四国アイランドリーグ選抜1チームが毎日、県内各球場に分散し戦っています。

10月初旬から始まり、3週間で各チーム18試合を行います。もちろん公式戦ではないので、勝敗はある程度は度外視。公式記録員もいません。個々の技量アップが目的ですので主に若手中心ですが、不本意な成績に終わった中堅どころやベテランが志願して参加するケースもあります。1日に8試合もあるのですから審判員も3人制で計24人が参加しています。

私も現役時代の晩年に何度か出場しましたが、印象的な出来事がたくさんありました。まずは独立リーグからの参加選手のひたむきさです。ユニホームはつぎはぎだらけで、グラブやスパイクも相当に使い古されています。それでもきっちりと手入れはされていて、とにかくハッスル度が際立っているのです。実力的にはプロの二軍選手よりはるかに劣るはずなのに、選抜チームは毎年ほぼ互角の勝負をしています。

彼らの目標はＮＰＢの選手になることであり、球団関係者の目に留まるようアピールしているからです。実際に多くの編成部やスカウトの方々が毎試合、目を凝らして見ています。この3週間で夢をつかむか、あきらめるか、その最終局面に立たされている必死さがひしひしと伝わってきました。明確な目的意識を持った人間は強いものです。若き日にこのチャンスをつかんだ一人が２０１２年、２０１６年のパ・リーグ首位打者・角中勝也選手（ロッテ）でしたし、又吉克樹投手（中日）も数年前のここでの好投が評価されました。また、今を時めく球界のタイトルホルダーの常連も、実はほとんどが入団直後の数年間はこの教育リーグに参加しているのです。まさに次世代のスターたちの修練の場なのです。ひょっとしたら来年の首位打者や最多勝投手が今、ここでプレーしているのかもしれません。

選手ばかりではありません。審判員もしかりです。さきほど24人の審判員が参加していると書きましたが、内訳はＮＰＢから主に10年目以下の16〜18人の若手（育成審判員を含む）。韓国からも若手が３人。残りの数人は研修審判員です。彼らの最終結果を出すのがここでの18試合（球審６試合）です。次なるステップの育成審判員契約を結べるか、研修契約の継続か、あるいは契約解除かがここで決められます。

育成審判員も同様です。彼らは二軍の試合は裁けますが、一軍公式戦への道は閉ざされています。いわば一軍へのエントリー資格さえないのです。この育成契約も３年までで、その間は昇給さえありません。ですから12月に本契約を結べるか否かは死活問題ともなります。

夏の暑さのおさまったさわやかな球場ですが、実はのどかなのはスタンドだけで、グラウンド内では若き野球人たちが晴れやかな舞台をつかむための熱い戦いを繰り広げているのです。10年以上も前にここで汗を流した審判員の数人が毎年、必ずや日本シリーズで裁いています。きっと試合前に「君が代」を直立不動で聞く時、この宮崎で同世代のライバルらと競い、切磋琢磨した日々を感慨深く思い出していたことでしょう。野球ファンならばこんな地道な鍛錬の場も、ぜひ一度は見てもらいたいものです。

フェニックスリーグ終了後、現場での実戦力や対応力、また団体生活での協調性や人間性などを最終審査され、晴れてNPB育成審判員として採用される研修審判員は2～3人程度にまで絞り込まれます。

最低でも10年の歳月

さて、この難関をくぐり抜け研修審判から育成審判員に昇格したからと言って、まだ将来は保証されていません。身分的にはNPB所属ですが、選手同様の育成契約ですから一軍の試合には出場できません。裁けるのは二軍戦のみです。まずは2年から3年の修業を経て、確固たる基本的メカニクス、ルール知識、ある程度の判定技術を身に付けたと判断されたなら晴れて本契約を結べるのです。

その第一歩が春季キャンプですが、プロの一軍レベル投手のスピードやコントロールの良さに驚くはずです。実際にキャンプ早々のブルペンでは「おいおい？」と首をかしげるようなジャッジで、投手も捕手も困惑するようなことが度々あります。

それでもキャンプ後半ともなれば見る力が格段に上がり、ゾーンも引き締まってきます。紅白戦や教育リーグで通用するレベルにはなりますが、それでも実際の二軍公式戦となればまた違います。今度は選手からの不満気な態度やベンチのざわめき、スタンドからの野次とも戦わなければなりません。そんな実戦経験がなによりもプロ審判員としての総合的な技量をアップさせます。

で、以下は先述したような二軍戦での最低5年間の修業、一軍戦での試用期間を経てレギュラーメンバーと認められるようなるまでは最低でも10年の歳月が必要です。遥かなる一軍の道、それをつかむまではとても、この世界に入って良かったなどと思えることはないでしょう。

受講生から広がる輪

　さて、NPBアンパイア・スクールを受講したものの、NPBへの道を閉ざされた受講生たちは敗者か？　否、必死になって自分の人生を切り開こうと戦い抜いた価値は等しいはず。同じ志を持った仲間には勝者も敗者もありません。あるのは紙一重の運と不運だけです。修了式ではそんな思いを込め全員と握手をし、最終講義では毎年こう締めくくります。「NPBだけが審判の世界ではない。もっと純粋に野球を楽しみ、育てる場が他にもあるのだ。その可能性へのチャレンジの始まりだ」と。

　これまでに延べで400人以上（2019年まで）の修了生を出しましたが、新たなる審判道を歩み始めているという便りが届くのは本当にうれしいものです。ある受講生は最終面接で「今は高3の夏の、最後の試合を終えたような気持ちです」と目をうるませました。きっとこれが年齢的にも境遇的にも最後だという覚悟だったのでしょう。そんな彼は、アマチュアでの1級ライセンス（全国大会出場レベル）を取得し、今は本気で甲子園で裁くことを目指しています。行く末は国際審判員となり、夢はオリンピックだと語ってくれました。

また、ある者は独立リーグの審判部長となり、NPBが派遣する研修審判員の育成に尽力してくれています。他にも女子野球のための審判組織を立ち上げた者もいますし、スクールで学んだ2人制審判を所属する審判部に持ち帰り、その普及に努めている中年枠のオジさんだっています。もちろん捲土重来を期し、プロへの再挑戦を目指している若者もたくさんいます。

女性も負けてはいません。中学の体育教師で野球部長だった彼女は、もっと広く野球を知りたいという思いから受講しました。今ではすっかり審判の魅力にはまり、大学野球の公式審判員となり、さらに高みを目指し国際審判資格も取得し堂々と国際試合にも出場しているのです。

また、ここでのマスコミ取材が縁で東京ドームの始球式に立った女性は、女子プロ野球の公式審判員となりました。過去に運動部経験すらなかった女性も、今は学生野球を裁いているとも聞きました。このスクールで学んだ技術を発揮し、審判というポジションの魅力を感じ取ってもらえたのです。この審判としてグラウンドに立つ誇りと責任、そして喜び、それらを伝えることがこのスクール設立の大きな目的でもあったのです。

分かれ道は紙一重

私がカラオケで歌うお気に入りの1曲は「明日があるさ」ですが、座右の銘でもあります。もう「若い僕」ではないけれど「いつかきっと〜♪」のフレーズが特に好き。なかなか夢の実現など難しいけれど、目標に向かっている日々は充実しているものです。

プロ野球観戦の時にはいつでも選手名鑑をバッグの中に忍ばせています。一番頻繁に見るのは審判員のページ。毎年、何人かが消え、新たに何人かが書き加えられています。定年（22ページ参照）まで全うし引退したのならば一定の満足感はありますが、それ以前の契約解除も実は多いのです。私が指導員として在任した8年間で55歳まで到達した審判員は11人、その前に退職したのは9人。他にも研修審判員（独立リーグに派遣）になりながらNPB入りできなかった者も5人います。つまり半分以上は夢半ばにしてプロ審判界を去っている、というのが現実です。あらためて厳しい世界だなぁ、と実感します。

では、去って行った彼らは敗者か、努力が足りなかったのか、といえばそんなことはありません。相応の技術を身に付け、真摯に取り組んでいたのは間違いなく、要は運・不運や向き・不向きといった紙一重の分かれ道なのです。プロ審判には、いい意味での図々しさや向こうっ気の強さが不可欠です。例えば明らかなミスをした時、「すみません」と素直に頭を下げるか、「それがどうした?」と開き直れるか。人として上等なのはもちろん前者ですが、プロ向きなのは後者でしょう。素直に非を認めてしまったら現場では混乱を招くだけですから。

うれしいのは去って行った若者がまた新たな目標を見つけ、そこに生きがいを見いだし邁進していく報告を受けた時です。この春から正規採用となり教壇に立ちます、スポーツアナウンサーを目指し修行に励んでいます、そんな電話をもらった時、また彼らの前でこの歌を唄いたくなるのです。

アンパイア・スクール。最終日の全員集合写真

ウソでもいい

「父さんは人を殺したんですか？」。これだけは絶対に聞くことができませんでした。大学生の頃に、旧日本軍の加害行為を中国側から描いたルポルタージュを読んだ時の衝撃は今も忘れられません。戦時中に旧満州（現中国東北地方）にいた父は本当にこんな極悪非道で残虐なことをしてきたのだろうか。いや、ウソだ、いつも温厚で誰にでも優しい父があんな鬼のような所業をするわけがない。でも…。

この作品は現在100%信頼できる内容ではなく、事実誤認やねつ造部分が多くあると言われています。でも、当時の自分にはそれを疑う感性も知識もありませんでした。疑惑はその後、何年も自分を苦しめ、この質問を封印し続けました。

平成の初めに逝った父は、死の間際に麻酔薬で朦朧となった状態で何度も断末魔のような叫び声を上げたことがあります。父は戦場での様子を思い出していたのです。意識を回復した父に意を決し、どんな戦況だったのかと尋ねました。「俺は臆病だったから最前線には出られなかった。後方で物資調達の仕事をしていただけだ」とうめくように応えてくれました。それ以上を語ることはありませんでしたし、聞きもしませんでした。ひょっとしたらウソかも知れない。でも、いいんです。何があろうとも許します。

許さないのは息子にそんな質問をさせようとした時代と政治です。多くの男たちが何も語らずに生き抜いた悲しみを今は理解できるからです。

著者の父親

開いた窓

数年前、日帰りで妙高市（新潟県）に住む母のお見舞いに行ってきました。このところ体調が芳しくなく、その年は4回も入院したのです。病名は「老衰」ですから治るものではありません。もう百歳近くなり、それも致し方ないでしょう。母への特効薬はやたらと明るくて元気で、亡父そっくりの末っ子の笑顔を見せることです。

実家はスキー場の麓にあり、その日も大雪でダイヤは大幅に乱れ、滞在時間はわずか4時間弱という慌ただしさでした。それでも昼食をともにしお茶を飲み、息子や孫たちの写真などを見せて楽しい時間を過ごしました。同じ話の繰り返しも苦にはなりません。

「じゃ、元気でね」と別れを告げ玄関を出た時です。かすかな呼び声が背後から聞こえました。振り向くと猛吹雪の中、居間の窓が開かれ母が手を振っていたのです。歩行器にしがみつきながら、泣き笑いのような顔をしていました。大急ぎで携帯電話を取り出し、予期せぬ1枚の写真を撮ることができました。

駅までのバスはスキー帰りの若者ばかりでしたが、その写真を見ているうちにこらえていたものがあふれ出てきました。「こらっ、若造、ジロジロ見るな。何がおかしい！　お前らにオヤジの気持ちがわかってたまるか…」。吹雪の奥に浮かぶ母の姿がまた現れ、奥歯をかみしめました。

著者の母親

負けるわけがない

オフの楽しみは旅行。数年前には次男坊宅に長逗留し、晩秋の京都や奈良の紅葉を満喫しました。天橋立に出かけた時、立ち寄ったのが「舞鶴引揚記念館」（京都府）です。シベリアからの抑留者のほとんどがここの港に降り立ち、亡父もその一人でした。

終戦の日を境に父はハルビン（中国東北部）からシベリアへ抑留され、母はソ連軍の爆撃機に追われながらも日本を目指し離れ離れとなりました。その帰国道中で産まれたばかりの長男は食糧難のために餓死。満１歳の誕生日に母の乳首をくわえながら息絶えたのです。

全く音信不通だった２年４カ月後の雪の降る朝、父は母の待つ実家へ突然に現れました。相撲取りのようだった巨体はやせ細り、母は幽霊だと腰を抜かしたそうです。その日、父は妻に会えた喜びと子供を失っていた悲しみを同時に味わいました。そんな日々のことは余りにも苛烈な体験だったためか、二人ともほとんど語ることはありませんでした。

ポツリポツリと話すようになったのは母が80歳を超えた頃からです。ある日、父の形見箱を開け、そこから数枚の黄ばんだメモ用紙を取り出しました。そこには収容所内で妻や子のことを思い詠んだ歌が米粒のような文字で綴られていました。飢えと寒さの中で多くの仲間を失いながらも、何が何でも生き抜いて日本へ帰り妻や子を抱きしめるのだ、という強い気力にあふれていました。読み終えると同時にトイレに駆け込み嗚咽しました。その強い気力と、人一倍あった体力、そして紙一重の運に恵まれ帰還したのです。自分の体内にはこの強い遺伝子が残されている…。

舞鶴へ行った晩、初めて息子に亡父のことを語りました。お前にも、その年の８月に産まれたばかりの孫にもこの血が流れている。何があろうと、負けるわけがない！

第4章 当世プロ野球審判事情Ⅱ

修業を積んでも誰もが順風満帆に技術が身に付くわけではありません。必ずや停滞する時期があります。プロにとって一生懸命に練習しても結果が出ない時の苦しみは切実です。クビになってしまうからです。でも打開策は一つだけ、それでも毎日毎日やり続けるしかないのです。

皆さんはこの厳しいプロ野球界でこれだけ長くやってきたのだから、私はさぞや野球での夢や希望、目標などを達成でき満足しているのだろうと思われるかもしれませんが、とんでもない！　果たせなかったことばかりの、悔い多き野球人生です。努力が報われるなど、とても信じられないような年月でした。

まず、幼少の頃から野球が大好きでしたから最初に目指したのはプロ野球選手。が、もちろんそんな才能も実績もなく、高校時代は甲子園などはるか彼方の夢、大学野球部では補欠選手、そしてついに4年生の時に断念しました。

ならば、とプロ野球担当記者を目指しスポーツ新聞社に入社しましたが、ここでの配属は意に反し販売局の営業マンでした。苦悶すること2年9カ月、何とか野球そのもので飯を食いたい、プロ野球の現場に入り込みたいとの一心で、一念発起し挑んだのが審判員の世界。いわば第三志望でした。運と縁に恵まれパ・リーグ審判員になれたものの、ここからは本当に苦労の連続でした。

「審判の眼」が与えられるまで

私が審判員になった当時は早ければ4〜5年で昇格できたのに、一軍に上がるまで8年もかかりました。その後も二軍に落ちたり、クビのピンチにも見舞われたりしましたが、なんとか周囲の助けで定年（当時は55歳）まで全うすることができました。ただ3度のオールスター出場は果たせたけれど、一番の目標だった日本シリーズに出場する夢は叶いませんでした。一軍公式戦もあえて言うならばたった1451試合しか出場できなかったのです。

もちろん自分にはプロ審判員として一流になるためのセンスが欠けているのは十分に自覚していましたから、相応の努力はしたと思います。優秀な後輩にどんどん追い抜かれていく地団駄を踏むような思いをかみしめ、キャンプ地でのブルペンでは大声を張り上げ、炎天下での走り込みにも励みました。シーズン中でも日々の練習なくしては怖くて試合にも臨めませんでした。そして実感したのは、これだけ頑張っても結局は努力など1割程度しか報われないのだ、ということでした。

でも、救いだったのはたとえ1割でも必ずや報われる、ということでもありました。何もしなければゼロ、でもやれば少なくとも10分の1は報われる。ならば人の2倍やればその比率は変わらぬとも20分の2になり、10倍やれば１００分の10になるのではないか。つまり分母（努力の量）を大きくすれば分子（成果）も大きくなるという数式を愚直に信じ切ることができるかどうか、を自分に課したのです。どんなに練習してもなかなか成果は出ない、トラブルばかりだ、それでも不思議と嫌にはならずコツコツと努力を重ね、ようやく15年目頃からそれなりの自信も芽生えました。

もちろん成果などすぐには出ませんし、最終的に目標に届かぬことも多いものです。でも、報われなかった9割の中には人としての成長という何ものにも代えがたい成果が残される、それこそがスポーツの素晴らしさであり、そして仕事の喜びへとつながって行くのではないでしょうか。

また、スポーツの世界は理屈ではありません。初期段階の技術を体に覚え込ませるためには何と言っても「質」よりも「量」が大切です。量をこなしてこそ高い質が生まれます。プロの技術習得の単位は百や千ではなく、万の回数なのです。例えばプロの打者はこのコースにきたならこう踏み出して肘をこう畳んで振り抜こう。投手ならば、あのコースに投げるならリリースポイントはここでこう手首を返して、などと考えているわけがありません。瞬時に体が反応するからできるのです。

審判も同様に多くの投球とプレーを見て、量をこなすしかないのです。するといつかは野球の神様から、量をこなした者だけに与えられる「審判の眼」をプレゼントしてもらえます。432ミリ（ホームベースの幅）が目に焼きつき、投球の一本線が浮かび上がってくるのです。フォースプレーの判定に耳（捕球音）を使うこともできるようになります。五感の全てが研ぎ澄まされ、いわゆる「プレーを読む力」が磨かれてきます。

実は私はプロ入り当初はとてもじゃないけど150キロのボールや間一髪のクロスプレーが見えませんでした。プロのスピード感についていけず、この世界でのセンスのなさを嘆くばかりでした。それでも粘り強く練習を重ね、ようやく見えてきたなぁと実感できるまで15年もの歳月がかかりました。その期間は愚直に自分の力と可能性を信じるしかありませんでした。私の好きな言葉は「YES I CAN!」（俺はできる、というよりも、「自分に

ブルペンでの練習風景

負けるな！」といったニュアンスの言葉です）、試合中にもよくつぶやいていました。そして王貞治さん（巨人）の「報われるまで続けるのが本当の努力」という言葉も心の支えとなりました。

審判の一生

プロ野球選手は飛び抜けた身体能力と運動神経に恵まれなければできないのは皆さんもよくわかっているでしょう。でも、プロ審判は極論するならば誰にでもできます。だって150キロのボールを打ったり投げたりするわけじゃなく、それらを見るだけでいいんですから選手よりずっと簡単です。早い、遅いはあれど時間さえかければ一定水準の技術は必ずや得ることができます。5年間で総試合数にすれば700〜800試合、球審も250試合くらいにはなるでしょうか。これだけの圧倒的な量をこなし、ある程度の運動能力と見る力が備わっていれば二軍戦では十分に対応できる審判員となれます。

この段階をクリアするといよいよ一軍へのチャンスが与えられます。この時期になると二軍戦では責任審判を任され、と同時に一軍戦での塁審デビューとなりますが、もちろんまだレギュラーではなく球審も数年先、一軍での力を発揮できるかどうかの試用期間です。求められるものはもっと高くなり、判定の精度や堂々とした所作、周囲への目配りや気配り、それらが一軍レベルに達しているか否かが問われます。

この6年目から10年目くらいまでの壁が実は一番厳しいのですが、ここを突き破ればしめたものです。数年後にはオールスターや優勝の絡むような試合も任されるようになり、さらに飛び抜けた力を示せば日本シリーズ出場、そして最優秀審判賞（審判員のMVP）や審判員奨励賞（主に若手に与えられる特別賞）、ファインジャッジ賞（難プレーを的確な判断で処理）などのタイトルも手にすることができます。もちろんそれに伴い年俸以外の出場手当や大幅昇給、地位をも得るでしょう。ここでの確たる地位を築ければいいよいよ、さらにその上のクルーチーフへの昇格も期待されるようになります。

このレベルの審判に求められるのは何と言ってもリーダーシップであり、コミュニケーション能力です。いわば試合を、そして仲間を仕切る力です。これは円滑な試合進行のためには必要不可欠な要素で、クルー内での良い関係なくして良い仕事も生まれません。お互いの力を認め合い、信頼し尊重する、そして良きライバル意識を持つことが大切です。

特にチームとしての審判団を仕切るリーダー格の審判員（クルーチーフ）には高いキャプ

テンシーが求められます。

通常の一軍戦では現在7人いるクルーチーフが、二軍戦ではキャリア最上位の者がその試合の責任審判員として配置されます。例えばリプレイ検証の最終判断や判定が分かれた時の処置、雨天時の試合のグラウンド状況の把握、照明点灯のタイミングを見極めるなどの職責を担います。そして試合前のチームとしての審判団の士気高揚や試合後の反省会などの仕切りも重要な任務です。

ざっと新人からベテランに至るまでの理想的な審判の道のりを述べましたが、それほど順風満帆にいかぬのが凡人の人生。一応の定年は55歳ですが、そこに至るまでには様々なリスクがあります。まずは技術を取得してもメンタル面での強さやトラブル処理能力、時に襲う不運な展開、何十年に一度という難プレー、さらに健康問題や体力・視力の低下など待ち受けるハードルはとてつもなく高いものです。それでも完遂できた審判員に共通するのは「何があろうともこの仕事が好きだ」という情熱を持ち続けていたこと、これに尽きるでしょう。

審判員の休日

審判員は原則としてイニングの表裏全てにフル出場で、もちろん途中交代もありませんから肉体的・精神的疲労度は相当に高いものです。特に一軍戦でのプレッシャーは大きく、球審で1試合裁くということは先発投手が完投するのにも等しいほどの肉体的・精神的エネルギーが必要で、疲労も半端じゃありません。夏場でしたら試合後には体重が2～3キロほどは確実に落ちます。帰宅後も試合の興奮状態がなかなか収まらず、寝付けない、あるいはとんでもなく早い時間に目覚めてしまうのです。

ですから球審の翌日は体調を考慮し、控え審判あるいは休みとなります。一軍レギュラーメンバーは大体4カードから5カード連続出場した後はカード抜けと言って3日間ほどの休養が与えられます。ただしこれはレギュラークラスの特権で、中堅の一軍半クラスあるいは若手の二軍戦での修業クラスの審判員には与えられません。月曜日は移動日となることが多いので、シーズン中の完全休養日はせいぜい月に2～3日程度でしょう。

さて、20代の若手でしたら試合のない日は一軍戦の見学も必修事項です。早くから球場に出かけ、先輩諸兄の試合前の緊張感やリラックス法などを肌で感じ取り、試合後の反省会なども傍聴し自分の財産にする心構えが必要です。かつては先輩たちのスパイク磨きやお茶くみも課せられていましたし、相当に厳しい上下関係のあった時代もありました。

今はパワハラまがいの言動などは皆無です。それでも全員が野球部育ちですから一定の規律はしっかりと守られています。試合前の審判控室は和気あいあいとした雰囲気ですが、球審を担当する審判だけは別。やはり先発投手と同じで、相当にナーバスにもなりますし、逆にこうして緊張感を高めることにより集中力も増すのです。割り当てを見ずとも、審判室に入れば今日の球審は誰かがすぐにわかるほどです。

審判員の収入

一軍レギュラーと目されるのは一軍通算出場数500試合、そして年間72試合以上の出場が必要条件です。これをクリアすれば一軍最低保証年俸(750万円)も確約されます。この他に出場手当(一軍では球審3万4000円、塁審2万4000円、控え審判7000円)も加算されますから、1000万円以上の収入が見込めます。

原則的に減俸はありませんから、まずまずの待遇のようにも思えますが、選手のように契約金はなく、会社員のように退職金もありません。1年契約の個人事業主ですから、技術不足による解雇や心身の健康を損ねての退職のリスクもあります。よってもう少し現役中に高年俸をいただきたい、というのが全審判員の偽らざる本音でしょう。

ちなみに二軍クラスですと、研修審判員は年俸102万円。月額は17万円ながら支給されるのは半年だけという厳しさです。育成審判に昇格した場合は年俸345万円ですが、まだプロ審判としての適性を見極められる試用期間ですから昇給はありません。この段階で2~3年間の修業を経て見込みあり、となればようやく本契約を結び、年俸は385万円となりますし、以後の昇給もあります。二軍の出場手当もわずか1試合2000円ではありますが支給されますから、年収にして400万円は確保できるでしょう。

ただ、前述したようにプロ審判員は個人事業主ですから、遠征時の交通費や宿泊費もNPBから支払われる「収入」となるのです。それらも合算される総支給額が支払調書に記載されますから、実際の可処分所得よりも3割増し程度の金額となります。二軍審判でも500~600万円の収入という確定申告書を見れば相当に良い待遇のように見えますが、実はこんなからくりがあるのです。

かつては若手審判の年俸は安く、ほとんどの審判がシーズンオフにアルバイトをしていました。私も前作にあるように丸々10年間、それも二つも三つも掛け持ちをして足りぬ生活費を補いました。2月1日になると、やっとこれで野球に専念できる、とホッとしたものです。ちなみに初年度の年俸は160万円でした。

今は育成審判でも最低年俸345万円に二軍出場手当なども付きますから400万円以上になり、アルバイトをする審判はいません。立場上、アマチュア審判界からの講習会などの要請も多く、それは自分自身の勉強にもなりますから多くの審判員が積極的に参加しています。

他に研修会や反省会、納会、契約更改、NPBアンパイア・スクールなどの公式行事も多いので、実際に休みとなるのはそれほど多くはありません。また怠けたら体力も落ちますし、なにもせずに次年度もレギュラー安泰などという審判はまずいません。オフも毎日、ルールの勉強やトレーニングに励んでいる審判がほとんどです。それをやらなければ間違いなく淘汰される厳しさが今は浸透しています。

審判員の一日

簡単に審判員の一日を紹介します。まずデーゲームでしたら起床は7時頃。しっかりと朝食を摂り自宅やホテル近辺でジョギングなどをして体をほぐし、試合の2時間くらい前には球場入りします。ちなみに球審用のマスクからプロテクター、レガース、スパイク、ボール袋などを全て装着すると重量は6キロほど。他にユニホーム、スラックス、帽子、そしてルールブックや審判マニュアル、各リーグのアグリーメントなどは常時携行しなければなりませんので、審判の持つバッグの総重量は軽く10キロを超えます。これらが入った大きな荷物があるうえに、満員電車は心

総重量10キロを超える用具

身ともに疲れるもの。よって自家用車で通う審判員がほとんどです。遠征先での移動は全てタクシーです。

審判控室に入ればまずはリラックスできるジャージなどに着替えくつろぎます。そして各自、ストレッチやアイトレーニング（眼球運動）などのルーティーンをこなし、麺類などで簡単にランチを済ませます。集中力が鈍るので満腹は厳禁です。試合の30分前には両チームのマネージャーが来室し、そこでメンバー表の事前交換をし、出場選手のポジションや背番号、登録の記入ミスなどがないかをチェックします。

開始5分前に両チーム監督と審判団が本塁付近に集まり、正式なメンバー表の交換をし「プレイボール！」。試合が終わればすぐに反省会です。難プレーなどがあった場合には30分から1時間にも及ぶこともありますし、リクエストによる判定変更や退場などがあった場合には詳細な報告書も提出しなければなりません。そしてやっとひと風呂浴びて帰宅です。ナイターの場合も基本的にはこのタイムスケジュールが4〜5時間ずれると考えてよいでしょう。

球審を数日後に控えている者はこれよりもう1時間ほど早めに出かけてブルペンや打撃ケージ内での練習にも励みます。やはり「感覚」の世界ですから、「間隔」が空きすぎるのは不安が増すのですよ。

二軍戦は原則的には3人制で行われます。時には2人制で行うこともあります。これは単なる人員不足という理由からではありません。一軍に上がれば4人制でやるわけですし、そもそも3人制では判定の位置が遠く、角度が悪くなることも多い。それゆえのトラブルも目立つ。いかに二軍戦といえども4人制にすべきではないかという意見も現場では度々出るものです。実際に一、三塁の審判が内野内に位置した場合にはハーフスイングは見えにくいものです。また、球審はライン際の打球が塁をよぎるかどうかを、時には90メートル以上先のポール際の打球さえをも判断しなければならないケースもあります。それでも3人制で行うのは、この少人数でのシステムは審判センスを磨く絶好のトレーニングの場となるからです。

プロ野球二軍戦での3人制審判の様子

審判センスの磨き方

【見る】

さて、先述したような審判センスを磨くにはどうしたらよいのでしょうか？　審判業の基本は「見る」こと。一番近いところで、最適の角度で見ればそうは見誤りません。でもそれだけが全てではないのです。たとえベストでなくとも、ベターな位置を見つけに行く工夫、それを通じて高める経験値が後の財産となります。もちろんそのためには俊敏な動き、脚力が求められます。複数塁を抱えますからどこでプレーが起こるかを予測する力も必要です。お互いのアイコンタクトによるスムーズなフォーメーションも不可欠です。

見る力は一定の練習量と経験を積めばそれなりにはついてきます。ただ、判定に自信を持てるレベルに達するには相当の時間と練習が必要です。とにかくプロの審判員は速い投球や打球、素早い送球、駆け抜ける快足、かすめるようなタッグ、それらを瞬時に見極めなければならないのですから、何よりも秀でた動体視力が要求されるのです。

ちなみにかつて大谷翔平投手（日本ハムーエンゼルス）が記録した日本球界最速の165キロの投球ですと、投げてから18・44メートル先の本塁に到達するまでの時間はわずか

0・402秒。ですから本塁ベースをよぎる「点」でなど見えるわけがありません。投手のリリースポイントから捕手のミットに収まるまでを一本の「線」で捉えるという独特の見方が必要です。そんなコツをつかめれば、こと投球判定に関してはぐんと安定度が増すものです。では、他のプレーに対してはどうか。

実は動体視力と一口に言っても様々な機能があり、それらを満遍なく鍛える必要があります。例えば前述の投球判定でしたら頭を動かさずに眼球だけを動かして投球を追う「トラッキングアイ」というテクニックを使います。トラック（Track）とは追いかける、という意味で「追跡視力」が重要なのです。

他にも各塁でのフォースプレーならば、その瞬間をカメラの目で捉えるような「瞬間視力」、ポール際の打球を見極めるならばその奥行きを認識する「深視力」、外野への飛球やフェンス際の打球を見るならば遠くを見る「遠視力」、送球時やボールデッドの箇所に入った時の走者の位置を認識するには「周辺視力」、このようにプレーの質により必要な動体視力の種類も異なり、それらを使い分ける「万能の目」が求められているのです。

そして、いかなるプレーの判定にしても必ずや静止して、頭を動かさずに見る、という大原則があります。なぜ頭を動かしてはならないかというと、目から入った情報が正しく脳に伝わらず、微妙に揺れ動いた状態で伝わってしまうからです。

これを守れれば、そう大きな間違いは犯しません。プロの審判員でも「えっ？」と思うような判定を下すことがありますが、そのほとんどはプレーにつられて目線がぶれていたり、打球を追うあまりきちんとした静止状態が保たれていなかった、という初歩的な原因によることが多いものです。

今までにプロ野球審判員たちも何度か動体視力検査をしたことがありますが、皆、一般人に比べて飛び抜けて高い数値を示しました。採用時にその検査を行っているわけではありませんから、たまたま先天的に優れていたのか、あるいは後天的に獲得した能力なのかは不明です。ただ、キャンプインからシーズン終了まで、ほぼ毎日のように快速球や鋭い変化球を見続け、間一髪のクロスプレーを裁いているのですから、必然的に毎日が動体視力アップのためのトレーニングになっているのではないかと思います。

審判には秀でた動体視力が求められる

もちろん「見る」のが仕事ですから、意識的にも鍛えています。現役時代は「ムーバルビジョン」という特殊な器具で追跡視力や周辺視力を鍛えましたし、アシックス社製の「Speesion」というＤＶＤソフトも使ってみました。手軽なところでは人差し指を前後や左右に動かして目の焦点を瞬時に合わせる、数字を書き込んだボールでキャッチボールをしながら読み取る、といった方法もあります。

また、街中を歩いている時や車の助手席に乗っている時には、対向車のナンバーを瞬時に読み取る、そして上2桁と下2桁の足し算、引き算をしてみる、などということもしました。これは目から入った情報を瞬時に脳内で整理し明確にするというトレーニングです。

【聞く】

球場内には判断の根拠となる情報が「見る」以外にもたくさんあります。例えば「音」。完全捕球かワンバウンドか、バットに当たったか空振りか、タッグしたかどうか。あるいは選手の「様子」。野手は自信満々だったか、走者は諦めていたか、本当に痛がっていたか、ポール際やフェンス際の打球に対する観衆の反応は？　など…。それらは「見る」のに不十分な環境の中でこそ生きてくる情報です。そこで脳内のコンピューターをフル稼働させ、瞬時にあらゆる情報を収集し最終結論を出す。これが審判センスなのです。

アメリカではルーキリーグから1Aまでは2人制で、2Aと3Aでようやく3人制となります。NPBでもプロアマ交流戦（大学や社会人、クラブチームとの練習試合）や独立リーグとの交流戦は2人制ですし、二軍戦は原則的には3人制です。ここでの豊富な経験があれば4人制では肉体的にも精神的にも余裕が生まれます。

特に2人制についてはNPBでは近年、普及に努めています。年末に行われるNPBアンパイア・スクール（実質的な採用試験です）では2人制審判を教材とします。仲間との協調性、基本的な運動能力、突発的なプレーに対する反応力、プレーを読む力、これらの審判員としての素質やセンスが一番如実に見えてくるからです。

【「言葉」で伝える】

プロ野球の公式戦では、一軍でも二軍でも「責任審判員」が存在します。例えばリプレイ検証となった時、あるいは審判員同士の判定が分かれてしまった時、雨天時の中断か決行か、などの最終判断を下す職責を担います。そして試合前のチームとしての審判団の士気高揚や試合後の反省会などの仕切りも重要な任務です。通常は一軍戦ならば現在7人いるクルーチーフが、二軍戦ならばキャリア最上位の者が務めます。

そんな場面で大切なのは言葉の力。リーダーとして的確な意思表示をしなければなりません。日頃の行動そのもので規範を見せることも大切ですが、その背中からだけでは伝わらないことも多いものです。

言葉にしてこそ気持ちは実態となり、具体的な行動となって現れます。その積み重ねがあればこそ、行動の意味も相手に伝えることができるのです。では、言葉の力を磨くにはどうしたらよいのか？　やはり勉強しかありません。多くの書物を読み、多くの人の話を受け入れ、そこに自分の考えを加え再構築する。そこから生まれる言葉には本物の、強い力があります。

さらに加えるなら、言葉を発するだけではなく書く作業も必要なのではないかと。よほどの才能がない限り、理路整然と瞬時に語りかけることなどはできません。そ

審判団のコミュニケーションも大切

れを自身の頭の中でまとめるには、書く作業は不可欠。箇条書きでよいから順序立てて整理をし、筋道を立てて語る、これもまたリーダーとしての必須条件のような気がします。言葉で伝えることは今の若手審判員たちにも求められています。特に40代前半の次世代のクルーチーフ候補、そして5年目以降の一軍予備軍と目される若手たちへの期待は大きいものです。強い組織であるためには、トップのみならず必ずや複数の強き言葉を持ったリーダーが必要です。「組織はリーダーの力量以上には伸びない」と語ったのは野村克也さん（南海―ロッテ他）。けだし名言だと思います。

【チャレンジを続ける】

大好きな野球を観ながらもイライラすることがあります。積極性のないプレー、つまりチャレンジ精神が感じられない打撃や投球が続き、試合が長引いた時です。

一軍の公式戦ならばまずはチームの勝利が最優先されますから、ベンチワークが重要視されるのもうなずけます。捕手のサインは複雑になり、内外野の守備位置の確認や戦術面での駆け引きなどに時間を要するのもある程度は仕方がありません。打者の選球眼と投手のコントロールの精緻な戦いや、時にはファウル打ちにもプロ野球の醍醐味があります。

ただ、その前段階である技術習得の場ではどうなのでしょう？　最終目的がどこにあるかによって、目指す打撃や投球、守備の質が変わってくると思います。

例えば二軍戦ならば、打たなければ一軍には上がれません。もちろん守備や走塁のスペシャリストとして生き残る手段もありますが、一定水準以上の打撃力があればまずは代打要員というポジションをつかむことができます。

実際の打撃力を上げるのは練習ではなく、試合で打席に立って投手の本気の球を打つことに尽きます。この絶好の機会に簡単にストライクを見逃して追い込まれ、最後はボール球を振らされて三振、あるいは見逃し三振ですごすご退散。こんなシーンを見ると本当にガッカリします。なぜ、初球から甘い球をガンガンと振りにいかないのか。

投手にしてもしかりです。今は打者を2ストライクに追い込めばヒットを打たれるリスクを恐れ、ボールでの勝負が当たり前。変化球のほとんどはストライクからボールゾーンへ逃げていくものばかりです。せっかく0―2に追い込んだのに、そこからボールが続き3―2、フルカウントから厳しいコースを狙って四球、あるいは苦し紛れに真ん中に投げ込んでヒットを打たれるというシーンをたびたび見ます。これはNPBの二軍戦のみならず、独立リーグの試合でも目立ちます。

今までの経験則からして一流になった選手は、打者ならば初球からヒットを狙いますし、投手ならばストライク先行で投球テンポが非常に良く無駄球を投げません。野手ならばエラーを恐れずに、間一髪のアウトを取りに行き、走者は常に次塁を狙います。要はプレー全般が積極的で攻撃的なことが一流になるための条件であり、そうでなければ技術の向上はありえないのです。それを実証したのがイチロー選手（オリックスーマリナーズ他）です。野球の根幹にある思い切り打つ、投げる、走る、これを実行できないチャレンジ精神に欠ける選手は伸びない、と断言します。

これは審判員も同様です。2011年のセ・パ審判部統合以来のNPB審判たちのモットーは「チャレンジ！」です。基本段階では徹底的に「審判員メカニクス」（プロアマ共通の教科書）通りの技術の習得に努めますが、一軍での実績をある程度、積んだ段階からはさらなるレベルアップが求められます。

プロの世界での現状維持は後退と同義語です。今の技術や方法でいいのだ、と思えばそこで進歩は止まります。創成期の野球、戦前の野球、戦後の野球、現代の野球とその質は大きく変わっており、それとともに審判技術も変わっていくのは必然です。かつての常識は今や非常識、ポジショニングもより多くのプレーやトラブルでの苦い経験などからさらなるバージョンアップを果たしているのです。

熱心な野球ファンならお気づきでしょうが、中堅審判員はもちろんベテランでさえ微妙にどこか違うフォーム的な改善点が毎年、見られます。ある者は構えを高くしたり捕手に近づいたり、ある者は腕の振りに工夫を凝らしたりしています。本塁のクロスプレーや盗塁の判定位置なども実は近年、大きく変わってきています。そんなベストを追い求めていく向上心や研究心、創意工夫、それらのすべてを含む言葉がこの「チャレンジ!」で、それがイコール「技術の向上」となるのが野球です。

【信頼関係を築く】

ファーム交流戦（阪神対ヤクルト）で三条パール金属スタジアム（新潟県三条市）を訪れた時、こんな素敵なポスターを見つけました。野球愛とともに審判員への敬意にあふれるキャッチコピーにはこう記されていました。「審判の仕事ってさ、公平に、中立に、選手を応援することだよ」。両膝に手を置き構える審判の目は、その先にいる球児たちを温かく見つめています。うれしくて思わずパチリ。

長らくプロ野球の現場にいましたから、時には監督や選手と判定を巡って相当に激しくやり合ったこともあります。暴言を浴びせられたり胸を突かれたり、逆にカッとなって自ら声を荒げたりもしました。その結果の退場宣告は本当に後味の悪いものでした。それだけにこの言葉と写真は心にしみました。そう、野球の現場で一番大切なのはこの信頼関係なのです。いい試合を作るのは両チームの力だけではありません。それを円滑に進める良き審判員なくしては成り立たないのです。

野球にはクロスプレーがつきものですから、時には不利な判定に泣くこともあるかもしれません。でも断言します。審判員は絶対に恣意的に判定を下すことはありませんし、常に選手の最高のプレーを引き出せるよう真摯に裁いているのです。敵ではなく、むしろ味方であり応援団なのだということを。

新潟三条市民球場で見かけたポスター

NPB公式戦では開始5分前にプレートミーティングという儀式があります。メンバー表を最終交換し監督と審判団はがっちりと握手をします。これはお互いの信頼とフェアプレーを誓い合う決意の場でもあります。ゲームセットの瞬間に「ナイスゲーム！」「ありがとう！」そう心の中でつぶやけるような関係でありたいものです。

話は変わりますが、どの競技でも世界トップレベルの試合は面白いものです。最近ではラグビーのワールドカップに目を奪われました。その迫力ある肉弾戦を裁くレフリーの姿に、どこか審判としての理想像も重なったのです。他の競技はほとんどが審判を欺こうとしますが、あの勇猛果敢な大男たちが、なぜレフリーの吹く笛には不満な様子も見せずに素直に従うのか？

ラグビーのレフリーで一番重要なのは選手とともに良いゲームを作り上げること。そのために選手と頻繁にコミュニケーションをとるそうです。ゲームの流れを断ち切らぬよう、そして反則が起こりそうな状況になれば耳元で警告を与え、時には指示し反則を未然に防ぐのだとか。フェアプレーの先導役となり、それに従ってもらえたなら「サンキュー」と声をかける。ノーサイドの瞬間には両チームのキャプテンが駆け寄り、「サンキュー、レフリー」と握手を求めに行きます。大会前後のレセプションやパーティーなどにも招待されるそうです。「紳士がやる野蛮なスポーツ」はそんな信頼関係に支えられていることを教えてもらいました。

手紙

20年ほど前からパソコンを使い始めました。生来の悪筆で、特に目上の人に書く手紙には苦労していました。やたらと大きな丸文字で、一見するとふざけて書いている、と疑われるような筆跡なのです。今は印刷文でも末尾に署名を入れれば失礼とはみなされず、ひと安心。ですから最近は肉筆で手紙を書くことなど滅多にないのですが、味わいという点では後ろめたい気持ちもあります。

数年前、引越しを機に「断捨離」に励みましたが、この時にどうしても捨てられなかったのが日記と手紙。どちらも肉筆で、捨ててしまえば永久に読み返せないのが決め手でした。亡父の口癖は「勉強しなさい」、手紙の末尾はいつもこの言葉で締めくくられていました。百歳になった母は震える手で故郷の山や花の絵を描く絵手紙が趣味です。今年の年賀状にも「また、元気なかお見せてね」と震える手で一筆添えられていました。

幼なじみの妻と大学時代に交わした200通以上の手紙は気恥ずかしくて、とても今は読み返せません。でも携帯電話やメールがない頃、思いを1秒でも早く伝えたく、ほとんどが速達でのやりとりでした。行間にはそんな思い出があふれています。キャンプ地から幼い子供たちに宛てた平仮名ばかりの葉書もしかりです。

こんな風に一文字一文字に思いを込めて書いた人との関係はそうは揺らがないでしょう。やはりUSBメモリー1本と段ボールひと箱の重みは違います。その違いは情報量ではなく愛情量なのです。

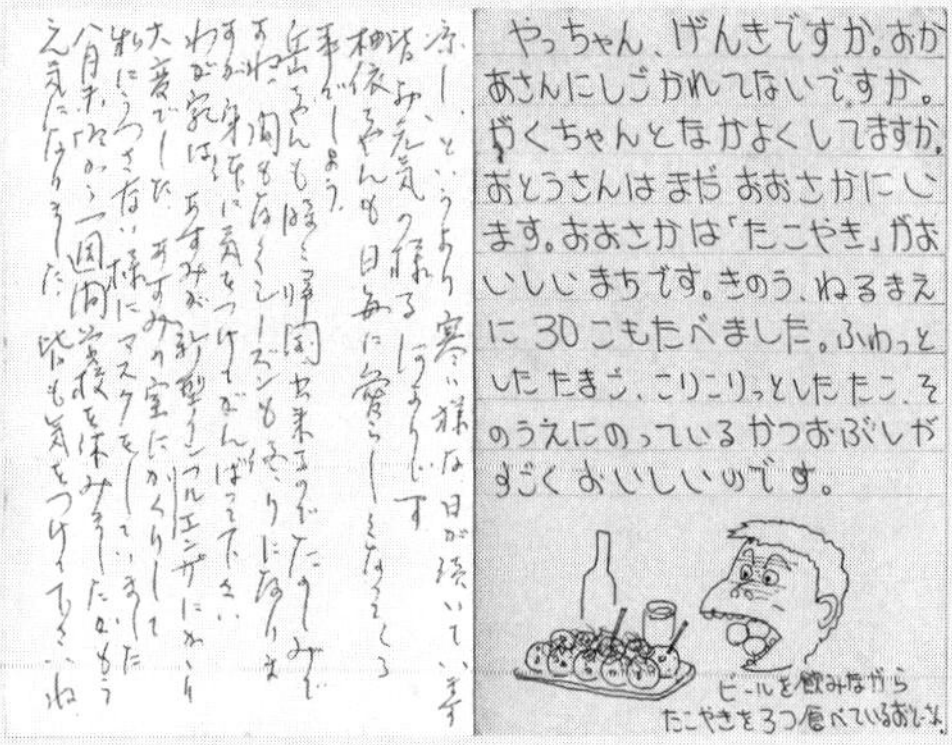
やっちゃん、げんきですか。おかあさんにしかられてないですか。かくちゃんとなかよくしてますか。おとうさんはまだおおさかにいます。おおさかは「たこやき」がおいしいまちです。きのう、ねるまえに30こもたべました。ふわっとしたたまご、こりこりっとしたたこ、そのうえにのっているかつおぶしがすごくおいしいのです。

きしむ体を支える心

まだ現役審判だった頃の話です。宮崎の春季キャンプでの宿泊ホテルには、横浜FC（Jリーグ）も同宿していました。そのチームに在籍しているカズ（三浦知良選手）とは練習後の大浴場でよく会いました。二人きりでサウナ室内にこもることも度々あり、図々しくも声をかけてみたところ気さくに応じてくれたのです。

体脂肪率8％の引き締まった体、血管の浮き出た岩石のようなふくらはぎと太ももには見惚れました。当方は慌てて息を吸い込んで、たるんだ腹部をへこませましたよ。当時、彼は40歳をとうに超えており選手としてのピークを過ぎているのは誰の目にも明らか、それでもワールドカップへの夢を諦めずに現役にこだわっていました。何度もMVPに輝いた頃のスピードやスタミナはなくともそれをカバーできるテクニックと経験があり、そして何よりもこの競技への情熱が衰えていなかったのです。実績があればあるほど晩節を汚したくないと思うものですが、彼は誰よりも自分の心に正直でした。

で、休みの日に初めてサッカーのキャンプを見に出かけました。専属トレーナーを従え入念なストレッチ、そしていきなり800メートルほどの全力疾走、その後は各種のインターバルをこなし見る見るうちに額には玉のような汗が噴き出し始めました。さぞや体はきしんでいるのでしょうが、心はまだまだ音《ね》を上げていない、人間の限界など自分が思っているよりももっともっと先にあるのだ、そう訴えかけていました。この日、自分も審判界のカズになりたい、心底そう思ったのです。

若手時代の著者

体力、気力の…限界！

ここ数年で北海道の誇る大鵬、北の湖、千代の富士という大横綱が次々と逝きました。特に千代の富士関は私と同い年、20代前半から場所ごとに強くなっていく過程をリアルタイムで見ていただけに、思い入れがありました。ウルフと呼ばれた鋭い眼光、強靭な足腰と太い腕っぷしを生かした豪快な取り口が大好きでした。そんな横綱と一度だけ酌み交わしたことがあります。

30年ほど前、福岡ダイエーホークス（当時）からファン感謝祭での紅白戦に出場要請があり博多へ出かけました。ちょうど九州場所の開催中でしたから共通の知人を通じて相撲見物に招待してもらい、夜は九重部屋の宿舎でちゃんこをご馳走になる約束も取り付けました。

ところがその日の取り組みは土俵際の攻防で一度は横綱に軍配が上がるものの、行司差し違えで金星を献上してしまったのです。行司とプロ野球審判はいずれも勝負を裁く身、さぞや気まずくなるのでは、と懸念しました。

部屋を訪れると弟弟子の北勝海も同席し、まずは乾杯。開口一番「あんな展開になる相撲を取った自分が悪いんですよ」と爽やかに笑い飛ばし、丼に注がれたビールを一気飲み。そんな気風の良さにますます惚れました。ゲン直しに飲みに行こうと誘われて舞い上がり、飲み比べをして生涯最大級の二日酔いを食らいました。もちろん横綱は翌日から白星を重ね、序盤戦の手痛い1敗をものともせずに優勝したのはさすがでした。

引退を決意したのは当時、伸び盛りだった2代目貴乃花に敗れたのがきっかけでしたが、その父である先代に引導を渡す黒星を与えたのも千代の富士関でした。引退の辞は「体力、気力の…限界！」、心の底から最後の情熱を絞り出すかのような、見事な引き際の一言と涙でした。

第5章 忘れられない試合と選手たち

現役審判員としての29年間は主にパ・リーグとイースタン・リーグ（関東以北に本拠地を持つ球団のファーム）で裁き、審判技術指導員としての8年間はセ・リーグ、ウエスタン・リーグ（名古屋以西に本拠地を持つ球団のファーム）も含むＮＰＢ主催の全試合を観てきました。他にも春季教育リーグ（ファームのオープン戦）から一軍オープン戦、オールスターゲーム、クライマックスシリーズ、日本シリーズ、フェニックス・リーグ（若手主体の秋季教育リーグ）などを含めれば、おそらく５０００試合近くの野球現場に立ち会ってきたでしょう。

血へどを吐くような思いをしたこともあれば、仲間と苦楽をともにし喜びの涙を流したこともありました。慰め合ったり励まし合ったりもしました。指導員になってからは若手の一軍デビューが何よりの喜びでした。

そこにはいつも野球があり、数々の名選手の好プレーや珍プレーもありました。審判の仕事の喜びはそんな現場にいて、選手たちの最も近くでその瞬間を見ることができ、歴史の生き証人になれることでした。37年間の審判員生活で、忘れられない選手や試合の数々を紹介します。

山田久志

私は1982年に全くの素人から、縁あってプロ野球審判の世界に飛び込みました。とはいえ、中高大学と10年間みっちりと体育会系の野球部でやってきましたから、プレーはともかく審判ならば簡単にできるだろうと考えていたのです。ところが、最初のキャンプ初日、ブルペンで度肝を抜かれました。

そこにいたのは当時の大エースだった山田久志さん(阪急)。アンダースローの軟投派というイメージがあったのですが、地上すれすれから高めに浮き上がるように伸びてくるストレートの威力はすさまじいものでした。そして、それ以上に驚いたのが右打者の背中側から外角いっぱいに決まる、それこそベースを横断するようなカーブでした。

実際は数十センチしか変化していないのですが、体感的には2メートルも曲がっているかのように見

山田久志

えました。これがプロの投手の変化球なのだ、と冷や汗が噴き出しました。思わず「ボール！」とコールしてしまったけれど、内角か外角か、どちらが外れているのかわかりませんでした。

マウンド上の山田さんはニヤリと笑うだけ。そして午後からの紅白戦でさらに驚かされたのは、このカーブを打てる猛者がいる、そんな天才たちの世界に飛び込んでしまったのだ、と当時は震え上がったものです。

工藤公康

7～8年前の夏の日、ジョギング中に近所の中学校のグラウンドで野球教室が開かれているのを見かけました。講師のサウスポーがやけにきれいなフォームで投げているなぁと近づいてみたら、なんと工藤公康君（西武―ダイエー他・現ソフトバンク監督）。彼とはプロ入り同期生ですから気軽に声をかけ、しばらく子供や指導者たちに交じって受講させてもらいました。印象に残ったのは「スピードを求めるな」という言葉でした。

彼は左の本格派でしたが、実は入団時の最高速は135キロ程度しかありませんでした。

そこから地道な体作りと合理的な練習に励み、38歳にして生涯最高速の148キロを記録したのです。未成熟の時期に無理をしたら必ずや故障する、骨格と筋力に見合う正しいフォームこそが最も大切だと説いていました。

実際に筋力の強さ頼みでスピードばかりを追い求め故障してしまう投手のなんと多いこと。それはアーム部分の強度が不足し各部品のバランスが悪いのに、バネだけを強靭にした打撃マシーンを不安定な土台の上に置いたようなものです。コントロールはもちろん定まらず、じきに故障しバネも弾け飛んでしまうでしょう。彼は最もきれいなフォームを持った投手の一人でした。

星野伸之

変化球が生きるのは実はストレートの威力があってこそ、というのが球界の常識です。実際、野茂英雄投手（近鉄―ドジャース他）や伊良部秀輝投手（ロッテ―ヤンキース他）のフォーク、松坂大輔投手（西武―レッドソックス他）のスライダー、ダルビッシュ有投手のカットボール、田中将大投手（楽天―ヤンキース他）のチェンジアップなどは、15

0キロ超の豪速球との組み合わせあればこそ打者たちを手こずらせたのです。ところが98キロのカーブだけで飯を食えた投手がいました。それが星野伸之投手（阪急－阪神他）です。

　ストレートの最速は130キロにも満たないのですから高校生なみですが、肘を折りたたむ小さなテークバックから独特のフォームで投じられるカーブはドロップと呼ぶにふさわしく、文字通りの縦の変化球でした。通常、捕手が手首を返してすくうような捕球をしたら打者の膝頭よりも相当に低いはずです。そもそもそんな捕球をすれば見映えが悪いし、球審は当然、ボールと判定します。けれど彼のカーブだけはこの捕り方でも「ストライク！」とコールせざるを得ませんでした。打者もベンチもこの落差ならば仕方がない、と納得したものです。

星野伸之

　このカーブを見せられてしまうと、次にくるストレートがとてつもなく速く見え、パ・リーグの強打者たちが何度も振り遅れ、詰まらされるのを目のあたりにしました。星野投手がプロで積み重ねた勝ち星は176勝。遅い変化球があればこそストレートが生きる、という特異な例でした。

松坂大輔

印象深い変化球、という点では松坂大輔投手のスライダーも特筆ものです。デビュー当時から豪速球とスライダーでねじ伏せていたのですが、打者連中から松坂投手のスライダーは視界から消える、という話を聞いていました。もちろん球審からはきちんと見えていますし、ボールが消えるわけがないと思っていました。単に腰が引けて投球から目を背けているだけなんだと。

キャンプの時の話です。審判団も高低のゾーンを確認するために、ブルペンでの判定練習に交代で打席に立つことがあります。もちろん危険防止のためにマスクやプロテクターを着用し、いつでも逃げられるように十分に注意をし、ベースからも相当に離れて立ちます。

ここで私はちょっと茶目っ気を出してしまいました。ヘボ選手でしたからプロクラスの投球は打ったことがありません。どれほどのボールなのか、本気で打ってみようと思ったのです。幸い、ブルペンには松坂投手一人しかいませんし、捕手も球審もきちんと防具を着けています。バットを持って構えました。投じられたのが決め球のスライダー。「うわっ、当たる！」と、慌ててのけぞったら、投球は外角いっぱいで「ストライク！」。球審のコールが高らかに響き、周りからは失笑が漏れました。

松坂大輔

松坂投手のボールはストレートでもスライダーでも打つのは難しいでしょうが、審判は見ればよいだけです。その球を怖い、と思ったことは一度もありませんでした。見えている自信もありました。しかしこの打席ではストライクなのに腰が引け、何も見えませんでした。打者の立ち位置と球審との距離は2メートルもないけれど、実は沖縄と北海道ほどにも遠いものだと初めて知りました。「松坂のスライダーは消える」、この言葉を実感しました。

東尾修

私がプロ審判員になって2年目、1983年の日本シリーズ西武対巨人戦でのこと。3勝3敗で迎えた第7戦は西武球場で行われました。六回までは巨人が2―0とリード。そして七回表からリリーフで登板した西武の東尾修さんはいきなり2死満塁のピンチを迎えます。打席には若き4番打者で現在巨人の監督を務める原辰徳選手（巨人）。ここでヒットを打たれれば、西武がペナントを手中にするのはほぼ絶望的状況です。

カウント2―2からでした。投げた瞬間に「あっ！」と球場がどよめきました。まさに顔面すれすれの投球に、原選手はもんどり打って倒れこんだのです。一方で、マウンド上の東尾さんは謝るそぶりも見せずに淡々としています。これでフルカウント、次に東尾さんは外角スライダーを投じ、バットに空を切らせこのピンチをしのぎました。

東尾さんといえば愛称はトンビで、どこか娘婿の石田純一さんにも似た優しい笑顔の持ち主です。しかし、現役時代の気の強さは有名で、与死球165は今も日本記録。武器は内角へのシュートと外角へのスライダー、そして精密なコントロールが生命線でした。あののけぞらせた1球ももちろん勝負球への伏線でした。もしも原選手に当ってしまえば押し出し死球。そんなリスクもありながら狙い澄まして投げたのです。打者は「なにくそ！」と思っても、脳は恐怖を覚えており体は瞬時には反応できません。次は外のスライダーがくるとわかっていてもバッターは踏み込めないのを知り尽くしていました。これで流れを引き寄せた西武はその裏に3点を挙げ、逆転。この年のシリーズを制しました。

あの1球にはかくも重くて深い意味があったのだ、そしてプロとはこんな技量と度胸で飯を食うのだ、と思い知らされた秋の夕暮れでした。

村田兆治

1980年代前半には各チームにその時代を代表するような大エースがいました。前述した東尾修さんの他、山田久志さん、鈴木啓示さん（近鉄）らですが、そのなかの一人に挙げられる村田兆治さん（ロッテ）は右肘の故障に苦しみ、二軍球場で悶々とした日々を過ごしていました。「昭和生まれの明治男」と言われた職人気質ですから、まずは肘近辺をもっと鍛えて治そうと試み、さらには座禅や滝修行にまで救いを求めました。しかし一向に良くならず、ついには渡米し当時はタブーとされていた肘にメスを入れる手術に踏み切りました。

リハビリ期間は丸2年。その間は執刀したジョーブ博士に全てを任せ、まずはボールを握ることのないトレーニングが始まりました。翌年はほんの数メートルからのキャッチボール、それから徐々に距離を延ばしていきます。

そしてついに二軍での実戦登板に至るまでの日々を、青梅ティアック球場（当時のロッテ二軍球場）でつぶさに見ました。あんなスター選手が誰もいない外野フェンス沿いを黙々と走り込み、女子高生のように恐々とボールを投げるのか、と畏怖の念さえ覚えました。思い切り腕を振りたい衝動を抑え、耐え抜いていたのです。

完全復活した1985年は「サンデー兆治」と呼ばれ、開幕から11連勝し、17勝を挙げてカムバック賞を獲得。以後引退するまでに59勝を積み上げましたが、その重みは故障前に挙げた156勝以上のものがあったでしょう。数年前の始球式では60代半ばにしてなんと131キロのストレートを投げ込みました。2年間の苦しみの代償は倍返し以上の喜びと、衰えを知らぬ右肘となったのです。

桑田真澄と黒木知宏

村田さんと同様に故障に苦しんだ2人の投手も印象に残っています。一人は桑田真澄投手（巨人―パイレーツ）。甲子園の優勝投手で、小柄ながらクレバーな投球術と抜群のコントロールでプロ入り後も期待にたがわぬ活躍を見せました。しかし1995年、ファウルフライへのダイビングキャッチを試みて右肘を強打し、靭帯断裂の大怪我を負いました。すぐに最新のトミー・ジョン手術（靭帯の移植）を受けましたが、復帰までには2年を要します。

入団当時から徹底した自己管理のできる選手で、二軍戦後もアイシングのためならば遠征バスへの荷物運びを拒み、次の開催地へ自費でのタクシー移動もいとわぬプロ根性の持ち主でした。そんな男ですから、ジャイアンツ球場（川崎市）のレフトからライトまでのポール間の180メートルほど、そこをひたすらに走り抜いた結果、外野の芝がはがれ伝説の一本道ができ上がったのです。それは「桑田ロード」と呼ばれました。

二人目は、かつて「魂のエース」と呼ばれた黒木知宏投手（ロッテ）です。ロッテ浦和球場（埼玉県さいたま市）のレフトフェンス裏側には「ジョニーロード」と呼ばれる、黒木投手の走りこんだ跡があります。彼は手抜きという言葉が最も似合わぬ男で、その全力投球の代償として晩年は肩肘の故障に苦しみ、最後の2年間は未勝利のまま引退しました。それでも闘志あふれる姿、朴訥な宮崎弁、感極まって涙ぐむような勝利インタビューはファンから愛され、通算76勝以上の「記憶」を残しました。

残念ながら前述の2人のように一軍復帰はできませんでしたが、彼もまた「再起、復帰、復活」と念仏のように唱えながらこの道を走ったのでしょう。「無事これ名馬」と言いますが、こんな経験を持った選手たちこそ名馬を育てる「名伯楽」となれるのではないでしょ

桑田真澄

黒木知宏

うか。

衣笠祥雄

球界の鉄人と呼ばれた衣笠祥雄さん（広島）。現役時代はリーグが違っていたため、面識はありませんでしたが、解説者になってから思い出に残るのは春季キャンプ中にいつも声をかけられたこと。ブルペンで若手審判員の指導に当たっていると、必ず新年度の改正ルールやボーク基準、リプレイ検証のことなどについて質問をしてきたのです。口調は柔らかく、非常に丁寧かつ熱心でした。とかく大物ＯＢは尊大な物言いをする方が多いのですが、明らかに一線を画していました。

衣笠さんの記録で燦然と輝くのは２２１５試合連続出場です。なんと17年間、一試合たりとも休みませんでした。強靭な体力・気力・技術、そして野球愛があればこそですが、根底にあったのは仕事に対する責任感だったような気がします。野球解説者となってからも、生半可なルール知識や取材ではファンに語らない、そんな決意と責任が現れていたのが、ブルペンでの質問攻めでした。

また、衣笠さんは全ての原稿を自分で書いていたそうです。不器用な二本指打法でパソコンに向かいコツコツと字数を積み上げていく姿は、三振をしようが死球を喰らおうが、敢然と立ち向かっていった衣笠さんの現役時代の姿と重なります。亡くなる一週間前まで放送ブースに座り、解説者の仕事を全うしました。

10・19

指導員になってからは毎秋、宮崎で行われるフェニックス・リーグに出かけました。かつて近鉄がキャンプを張っていた日向市のお倉ケ浜球場は長閑な海辺にあり、防風林を抜けるとそこには広々とした日向灘が待っています。試合前のひと時、この青い海を見ていると必ずや思い出す試合がありました。「10・19」です。

1988年のパ・リーグは西武と近鉄のマッチレースとなり、西武は優勝マジック1で全日程を終了。近鉄はロッテとのダブルヘッダーで連勝すれば優勝。そんな試合となれば選手と同様に、裁く審判たちも緊張と興奮でぶるぶると震え上がります。当時、7年目の若手だった私が出場したのは第1試合のレフト外野審判でした。いつもは陽気で明るい先輩たちが試合前には黙り込み、鬼のような形相で裁いているのをレフトのポール際から見つめました。

前日までは閑散とした川崎球場が立錐の余地もないほどに観衆であふれかえり、スタンドの外周には入りきれなかったファンはラジオを聴きながら球場を取り囲んでいたそうです。「あぁ、これがプロ野球なのだ。今ここにいる男たちは、掛け値なしに野球に命さえをも賭ける覚悟で挑んでいるのだ…」。

同点で迎えた九回表2死二塁、この年での引退を決めていた梨田昌孝さん（近鉄）の代打決勝タイムリーで勝ち越し、近鉄は第2試合へ優勝の夢をつないだのです。

この時、本塁へ猛然と滑り込み、小躍りしたのが「北海の荒熊」と親しまれた鈴木貴久選手（近鉄）。ノーガードの打ち合いとなればめっぽう強い「いてまえ打線」の象徴的な選手でした。２００４年、近鉄がオリックスに吸収合併される直前の5月に急性気管支炎で夭逝。享年40のあまりにも早い死でした。第2試合はご存知のように最後は4対4で、4

フェニックスリーグが行われるお倉ヶ浜総合公園野球場近くの砂浜

時間を超えて新しいイニングには入らないという規定のために引き分け。もはや優勝の望みの絶たれたラストイニングにも、毅然としてグラウンドに立った近鉄の勇士たちはまさに「猛牛」と呼ぶにふさわしい本物のサムライでした。

あの日、全身全霊を傾けて戦った男たちの多くがもはや鬼籍に入っています。最終勝率差1厘4毛に涙した近鉄の仰木彬監督。他にもロッテでは偵察メンバーでスタメンだった伊良部秀輝投手（ロッテ―ヤンキース他）、途中でマスクをかぶった小山昭晴選手（大洋―ロッテ他）、守備の名手だった森田芳彦選手（ロッテ）、後にロッテの監督をも務めた山本功児さん（巨人―ロッテ）の4人。そしてともに裁いた審判では中村浩道さんと山本隆造君の2人が…。今頃彼らも天国で「あの2試合は熱くて楽しかったなぁ」と酒を酌み交わしているのでしょうか。彼らの笑顔が日向灘の遠くにかすんで見えました。

憧れだった人

夏になると、それぞれに思い入れのある甲子園の名勝負が数多く語られます。ある人は駒大苫小牧対早稲田実業を、あるいはＰＬ学園対横浜、星稜対箕島を挙げる人もいるでしょう。これらの試合はいずれも延長戦となった白熱の好ゲームでしたが、自分にとって生涯忘れられないのは中学2年生の時に見た三沢対松山商業の決勝戦（69年・第51回大会）でした。

三沢の太田幸司投手（近鉄―巨人他）は元祖甲子園のアイドル。対する松山商業の井上明投手は小柄ながらいかにも馬力のありそうなファイター。2人は一歩も譲りませんでした。毎回のように勝ち越しやサヨナラのチャンスとピンチが繰り返され、子供心にもどちらも負けないで、と願いました。闘志をむき出しにして延長18回を投げ抜き、0対0での引き分け再試合となったのです。

自分も高校で真剣に野球に打ち込めばこんなにも格好いい男になれるかもしれない、と感激に打ち震えました。その後の進路を決定づけるような衝撃でした。

あの夏から14年後、二軍戦で近鉄から巨人にトレードされた太田投手の投球を初めて見ました。立場上、そんな話はできなかったけれど、マスク越しに見た投球は憧れの人からのラブレターのように感じたものです。

井上さんはその後、明治大学に進学し野球部ではキャプテンも務め、全国紙の運動部記者として健筆をふるいました。数年前の夏、偶然にも野球殿堂博物館で会うことができました。「実は僕は…」と語るだけで胸がいっぱいになりました。「あんな男になりたい」と憧れた2人に会えるとは中学生の頃は夢にも思いませんでした。

ちなみにこの勝負を裁いた郷司裕さんは2017年、アマチュア審判員として初めて野球殿堂入りしました。これからの若き審判たちの憧れの人になるでしょう。

開幕戦の球審

開幕投手に選ばれるのはエースの証で、誰もが憧れます。その試合を裁く球審もしかり。ただ開幕戦のプレッシャーたるや大変なもので、とてもお祭り気分を楽しめる心境にはなれません。たった一度ですが、その栄えある開幕戦の球審を務めたことがあります。

1995年のシーズンは年明け早々に阪神淡路大震災があり、開催さえも危ぶまれました。その春季キャンプ初日、審判部長から「今年の開幕戦球審はお前に任せる」との内示を授かったのです。プロ入り14年目、一軍に定着しオールスターにも出場していたので、そろそろという期待はありました。それでもいざ現実のものとなれば喜びよりも怖さの方が勝ります。本当に大丈夫だろうか、とんでもないトラブルを起こしたらどうしよう、そんな不安をかき消そうとキャンプでは毎日ひたすらに練習に励みました。

迎えた開幕戦は西武対ダイエー（現ソフトバンク）で東尾修さんと王貞治さんの新監督同士のデビュー戦。華やかな始球式には吉永小百合さんが登場、握手をしたものの緊張で汗ばんだ手はさぞや気色悪かったでしょう。過度の緊張で胃が痛み、「プレイボール！」の声も震えていました。

一回表、ダイエーの新外国人ケビン・ミッチェル選手が初打席満塁本塁打を打ち、あっという間に7対0。これで少しは楽な展開になるかと思いきや、本拠地の意地を見せた西武がじわじわと追い上げ大乱戦、最後は延長十回11対10でダイエーの逃げ切り勝ち。ゲームセットの瞬間、ようやく吐き気がおさまり膝から力が抜け落ちました。

ちなみにこの年のパ・リーグ覇者は「がんばろうKOBE」を合言葉に戦い抜いたオリックス。チームを牽引したのは通算425安打となった若武者イチローで、その後この数字を10倍以上に伸ばすとはまだ誰も予想していませんでした。

野茂英雄

日本の野球のみならずアメリカのベースボールも大好きです。その大リーグ中継を観ていて2度、泣いたことがあります。1度目は野茂英雄（近鉄－ドジャース他）投手が1995年のオールスターに選出され、颯爽と先発のマウンドに向かう姿を見た時。その前年に近鉄球団との確執から任意引退となり、石もて追われるように海を渡りました。日本球界に戻る道は閉ざされ、ほとんどの評論家たちは負け犬になるだろうとあざ笑いました。それでも愚直に自分の可能性を信じ、挑んだ姿は名前通りの「英雄」。何度も試練の時はありましたが、2度のノーヒットノーラン、独立リーグを経ての復活など、ユニホームを脱ぐ日まで果敢に戦う姿は不変でした。

現役引退後5年を経過すると日米での野球殿堂入り資格を得られます。ほぼ同

野茂英雄

時期にその投票が行われたのですが、アメリカでの得票率はわずか1%、最低条件の5%を獲得することができず次年度以降の資格を失いました。「12年でたった123勝」として、評価されなかったのです。かつてジャッキー・ロビンソンは黒人選手の先駆者として評価され、「10年でたった1518安打」ながらも、殿堂入りしています。日本人のみならず東洋人メジャーへの扉を開き、あの独特のトルネードで全米を沸かせた記憶が過小評価されているなぁとがっかりしました。

日本では「5年で78勝」ではなく、彼の生き方そのものが評価を得られ、ほぼ満票での初年度殿堂入りでした。野茂投手は投票日、自らの主催する少年野球大会の球場にいたそうです。MLBで新人王を獲って凱旋帰国した時、「日米のストライクゾーンの違いはどうでしたか?」との質問に「僕が戦ってきたのは打者であり、審判ではありません!」と応えたのも彼らしい言葉でした。

イチロー

さて、2度目に泣かされたのはイチローの晴れ姿を見た時です。7年連続でのパ・リーグ首位打者の実績をひっさげてアメリカに渡り、もちろんここでも期待にたがわぬ数字を残しました。そして彼がピート・ローズを抜く日米通算4257安打目を打った直後、塁上から照れ気味にスタンドに手を振った時、その頭には白いものが目立ち、感慨深いものがありました。

試合後のインタビューで「ここを目標に設定したことはない」と応えたのはいかにも彼らしく、そして「今までも人に笑われてきた歴史があり、でもそれを実現してきた自負がある」と。もしもあの時、彼に会えたなら「メジャーだけで4257安打？　50歳まで現役をやる？　アハハハ、そんなの無理に決まってるよ」と思い切り笑ってやるつもりでした。きっと彼は奥歯をかみしめ、不敵な笑みを返してくれたでしょう。

4000本安打達成時のインタビューも印象的でした。4000本の安打よりも8125回の凡打を見つめ、その苦しみを受け止めてきたことを誇りに思う、と語ったのです。つまり、誰よりも多くの失敗を積み重ねたということで

イチロー

す。とかく凡人はヒットを打った喜びに浸ってしまいがちですが、イチローにとっては5打数2安打ならば打ち損じた3打席の方が重要だったのです。「とんでもないところへ行くためには小さなことを続けなければならない」とも語りました。彼の発する一言一言が、その後の私のプロ審判員としての生きる指針ともなっていました。

しかし、日米通算で4367本（NPB1278本・MLB3089本）のヒットを打った男にも、ついにその日が来ました。2018年シーズンの春先に選手登録を外れた時、本気で50歳まで現役続行するための一時的休養と肉体改造に取り組むのだと思いました。そして翌年の東京ドームでの開幕2連戦（マリナーズ対アスレチックス）で奇跡とも呼べるほどの復活劇を必ずや見せてくれると。

彼が静かに語る言葉には独特の感性があります。印象に残っている単語は「選球体」。160キロの速球が打者の手元にくる時間はわずか0・4秒。それを打つためには「選球眼」で判断しバットを振り始めるのでは遅く、体自体が瞬時に反応する「選球体」が必要なのだと語りました。

ワンバウンドするような悪球も、のけぞるようなインコースのボールも、体が「打てる！」と反応するために練習で何百万球を打ったことか。その力の衰えを感じさせたのがオープン戦でのある打席。平凡な左投手のスライダーにハッと驚き、そのまま体が反応できずに見逃し三振となったのです。うつむきながらベンチに戻る姿に覚悟を感じました。それでも偉大なる記録も記憶も色褪せることはありません。

ちなみにイチローがプロ初本塁打を打ったのは1993年の長岡市悠久山球場（新潟県）で、野茂投手からでした。その打球を追ったのは一塁審判をしていたこの私。風のように塁間を走り抜けていく細身の若者とマウンド上で憮然としていた巨漢の投手。この二人がメジャーの記録と記憶の両方に残ることを想像した人は、まだ誰一人としていない試合でした。彼らと同じ舞台に立てた幸せを今、しみじみと感じています。

稲葉篤紀

プロ野球では、審判を騙そうとするプレーが日常茶飯事のように行われています。それもまた戦術の一つだと思われている節があるのです。例えば投球が当たっていないのに痛がる、捕ってないのにグラブを高々と上げる、球審の判定前に捕手が見逃し三振と決めつけて立ち上がる、逆に打者が四球だとばかりに球審がコールする前に一塁へ歩きかける、といった類のプレーです。実際に現役時代にはこういった動きに惑わされて、痛い目にあったこともあります。

こんなプレーと全く無縁だったのが稲葉篤紀選手(ヤクルト—日本ハム・現日本代表監督)でした。現役時代の全力疾走や、引退後のさわやかな解説ぶりからもうかがえる通りのナイスガイで、審判の判定には一切クレームをつけませんでした。

ZOZOマリンスタジアムでの試合のこと。ライトフェンス際のファール打球を追った彼は勢い余って観客席に飛び込んでしまいました。一塁審判をしていた私はその寸前に捕球したかのように見えたので高々とアウトと手を上げたのです。

ところが、確認のため現場まで行ったところ、稲葉選手は「落としていますよ」と空のグラブを見せてくれました。もちろんすぐにファウルと訂正して事なきを得ましたが、冷や汗が噴き出しました。もしも近くに落としたボールを拾ってグラブに収めていたなら

2009年9月3日に行われたロッテ—日本ハム戦。五回裏無死ロッテ・ベニーの打球を追ってスタンドに飛び込んだ稲葉

……。審判を騙すようなことを決してしないのが稲葉選手でした。さすがは日本代表チームの監督にふさわしい人物です。

ダルビッシュ有

当代随一の変化球の使い手、といえば誰もがダルビッシュ有投手を思い浮かべるでしょう。もちろん160キロ近いストレートの威力も抜群ですが、初めて日本球界に150キロ超の変化球という概念をもたらしました。

本人に言わせると11種類もの変化球を操るそうです。そのどれもが一級品ですが、やはり際立っているのが左打者の膝元に食い込むカットボール系の小さな変化球です。変化球といえば大きく曲がれば曲がるほど上等と思われていたのは昭和の野球。今は小さく曲げてバットの芯を外し、内野ゴロに打ち取る方が、投球数の減

ダルビッシュ有

少にもつながり投手生命を伸ばすと考えられています。実際にこのカットボールで狙い通りに併殺打を打たせた時の快感は最高だそうです。

どういった握りで、どう手首をひねるか、どう指先に力を加えるかなどは企業秘密でしょうが、いずれにしてもそれを感覚として体が覚え込まなければ試合では使えません。150キロ超の投球のための鋭い腕の振りと同時に微妙なひねりや力の抜き具合を会得するには相当な練習量とセンスが要ります。これぱかりは天賦の才能のなせる技で、投手コーチが教えられる分野ではないような気がします。それをできるのがまた天才の天才たるゆえんなのですけれどね。

実は私は現役時代の晩年、ダルビッシュ投手の高速変化球を見極められずに苦しみました。ストレートだけならば長年の経験で球道の予測はつきますし、ベース手前で早決めをしても無難に裁くことはできます。ましてや球筋がよければ捕手の手前でお辞儀することもありませんし、速球系の投手を裁くのは意外と簡単なのです。ところが彼の場合は完全にストレートの球速でありながら、ベースの数メートル先で鋭く変化するのですから厄介です。ましてや動体視力に衰えが見え始める50代でしたから、その変化に付いていくのが精いっぱいでした。

球審は絶対に頭を動かさずに「トラッキングアイ（「追跡する目」という意味）」という目の使い方をしなければなりません。打球やプレーを判定する時と同様、人間は頭が動いている状態では目から入った情報が正しく脳に伝わらないからです。打者にしても同様で、打つ直前に頭が動くのはタブーとされています。

ところが、瞬時に眼球が動かなくなる衰えが出てくるとどうしても頭を動かしてそれを補おうとしてしまいます。と同時に、見えない恐怖から、いわゆるビクついた「フリック（ひるむ、という意味）」状態に陥ってしまうのです。ダルビッシュ投手の高速変化球についていけなくなった、これがそろそろ自分もプロ審判としての限界なのかなぁ、と思わされました。

数年前、彼が右肘の故障から回復し、670日ぶりに大リーグに復帰した時のこと。一目見た感想は「うわっ、でかくなったなぁ」でした。身長196センチ体重107キロ、その巨体から今も軽々と150キロ超の速球を投げ込んでいます。2005年の日本ハム入団時はまだ80キロ台の細身で球速も140キロ半ば。三回頃から徐々に球威も落ちたものです。それが2年目の夏場過ぎからグングンと体が大きくなり、渡米する前の数年はそれこそ手も足も出ないような豪球投手となりました。その当時からさらにパワーアップしています。

野茂、伊良部、田中など大リーグで活躍した投手に共通するのは、皆、190センチ近くあり、100キロクラスの巨漢ということです。やはりこれだけの体格がなければ肉体力学的に150キロ超の速球は無理なのでしょうか。

立花龍司さんのトレーニング革命

私が高校球児の頃は、「練習中に水を飲むな」「水泳は肩を冷やすからダメ」「足腰を鍛えるのはうさぎ跳び」といった、今では非常識ともいえるようなことがまかり通っていた時代でした。プロ野球界も似たり寄ったりでした。投手はとにかく投げ込みで、キャンプのブルペンでは時には300球も投げる日もありました。

そんなトレーニングに待ったをかけたのが、近鉄―ロッテ―NYメッツと渡り歩いた立花龍司さんでした。その頃の近鉄といえば豪快な「いてまえ打線」が売り物でしたが、実は野茂、阿波野秀幸（近鉄―巨人他）、吉井理人（近鉄―ヤクルト他）、赤堀元之（近鉄）といった盤石の投手陣も誇っていたのです。皆、しなやかな体幹とパワーがあり、その基を作り上げたのが立花さんでした。

彼は中学3年生の時に日本代表のエースとして世界大会にも出場したエリート選手でした。もちろん名門校に進み、将来はプロ野球選手のつもりがここでの苛酷な投げ込みにより肩はパンク。大学3年生でついに野球を断念せざるを得なくなったのです。そんな経緯から自分のような選手をこれ以上生み出してはならぬ、と思ったのがコンディショニングコーチを志すきっかけとなりました。彼が当時付けていた背番号89は、選手の「ヤク（厄）」を背負いたいという願いからでした。

まず取り組んだのが当時はタブーとされていたシーズン中のウエートトレーニング。投手の肩は投げて作るもの、無駄な筋肉は可動域を狭めるだけというのが常識でしたが、軽い負荷やチューブを使っての肩の内部筋や両足内転筋の強化を重点的に行いました。プロレベルでの競技力アップには3カ月ほどかかりますが、効果は絶大で、故障者もぐんと減りました。ロッテに移籍した後も小宮山悟（ロッテ―横浜他）、ヒルマン（メッツ―ロッテ他）、伊良部、成本年秀（ロッテ―阪神他）といった投手陣から絶大なる信頼を寄せられ、その手法は球界にも広く知れ渡るようになりました。

彼がロッテに在籍していた頃、近所のスポーツジムでよく顔を合わせました。1時間以上も専門書を読みながらバイクを漕ぎ、その後も入念なトレーニングで選手以上の引き締まった体をしていました。「山崎さん、自ら勉強せず、たるんだ体のコーチの言うことを選手が聞くと思いますか?」そんな言葉が印象に残っています。

オフには自費で渡米し最新のトレーニング方法を取り入れ、筑波大の大学院でも学び続けました。そんな実践と知識があればこそ選手も信頼したのです。この20年で選手生命は大幅に伸び、40歳を超える現役選手が続出しています。彼の起こしたトレーニング革命も今では球界の常識となりました。

そんな彼は今、アマチュア野球チームで指導に当たっていますが、次なる夢はもっと野球を楽しむ心を広く伝えたいということ。とかく日本の野球は「修業」「人間教育の場」で、厳しくつらいものというイメージがあります。バレンタイン監督の推薦で移籍したNYメッツ時代(1997年)、地区シリーズ進出をかけた大一番の前のこと。彼が緊張からベンチの中で震えていると主砲のトッド・ハンドリー捕手がこう声をかけました。「タッチ(立花さんの愛称)、7歳の時に緊張したか? これから子供になって最高の舞台で遊べるんだぜ!」。選手たちが皆、うれしそうにフィールドに散っていく姿を見た時、大嫌いだった「根性」は、実は楽しみを求め続ける気力の言葉だと変換されました。そう、こんな風に野球を楽しむ心があれば練習が苦しくつらいはずがないのです。

「ドカベン」と「あぶさん」

我が郷土、新潟の生んだ偉大なる漫画家・水島新司先生のこの両作品は元球児たちのバイブル、と言っても過言ではないでしょう。「ドカベン」は高校球児が個性豊かなチームメイトやライバルたちとともに成長していく物語。家庭の事情で進学できなかった作者の、高校野球への強い憧れと夢が込められていました。連載はなんと46年間にも及び、2018年7月に終了しました。

「あぶさん」は新潟出身の飲んだくれの代打屋がパ・リーグの猛者たちとの激闘を繰り広げる物語。登場人物は全て実在の監督や選手で、1970年代の南海がダイエー、ソフトバンクと移り行く球界史でもあります。「実力のパ」と言われながらもどこか陽の当たらなかった選手たちの男くささとリアリティーにあふれ、実は私も何度か登場しています。

長らく現場にいてこそ、この両作品が球界にどれほどの貢献をしたかがわかるもの。これほどに長く熱く野球を描き続けた功績は、十分に野球殿堂入りにも値すると思います。

ちなみに水島先生は草野球でも大エースで、変幻自在な投球術で200勝を達成しています。

野球の神様からのプレゼント

現役時代のグラウンドは苦しいことばかり、とても野球が楽しいなどと思えることはありませんでした。とにかく判定を間違えぬよう目を凝らし、気持ちも張り詰め、仕事を楽しもうなどという余裕はないのが実情でした。ところが、指導員時代の晩年、野球の神様から思わぬプレゼントをもらえたのです。2018年の春季キャンプでのこと。巨人軍宮崎キャンプ60周年記念イベントで、ジャイアンツ対ホークスのOB戦が行われました。その試合への出場要請があり、現役引退以来8年ぶりに三塁審判として2万人の大観衆の前に立ちました。

両軍総監督は長嶋茂雄さんと野村克也さんで（以下敬称略）、ジャイアンツのクリーンナップには松井秀喜、王貞治、原辰徳と並び先発投手は桑田真澄。かたやホークスは秋山幸二、小久保裕紀、松中信彦に先発は現監督の工藤公康、という豪華布陣です。ベンチ内にも金田正一、張本勲、堀内恒夫、広瀬叔功、江本孟紀らそうそうたる球界のレジェンドたちが座っていました。実はこの試合、3度ほど涙ぐんでしまいました。

最初は一回裏の王さんの打席で、子供の頃に死ぬほどに憧れた一本足打法を目の前にした時です。もちろん監督時代には激烈な抗議も受けましたが、野球人としての尊敬は変わることがありませんでした。選手と審判として同じフィールド内に立てた幸せをしみじみと感じたのです。

2度目はかつて「エースのジョー」と呼ばれた城之内邦雄さん（巨人―ロッテ）がマウンドに立った時。78歳の男が渾身の力をふりしぼって投げた6球は闘志にあふれ、俺は今でもこんなに野球が好きなのだというメッセージが込められていました。この日、一番の拍手を浴びました。

そして最後は試合後に審判団でハイタッチをした時。この日の一塁と二塁にいたのは元パ・リーグのOB審判員で、同じ審判技術指導員としてキャンプに参加していた平林岳君と東利夫君でした。現役時代には何百試合も彼らとともに裁き、苦楽をともにした仲間です。また彼らと同じグラウンドに立てた…。苦が8割で楽が2割のような日々、野球がこんなにも楽しいだなんてあの頃はとても思えませんでした。ここにいたレジェンドたちもその思いはきっと同じだったのでしょう。皆が子供のような笑顔でした。

金田正一

この試合の巨人ベンチの中央に威風堂々と座り、腕組みをしていたのが金田正一さん(国鉄―ロッテ)。400勝298敗は王貞治さんの868本塁打とともに、今後も絶対に破られないであろう記録と言われています。まさにレジェンドと呼ぶにふさわしい存在感ある方でした。もちろん現役時代にその快速球は裁いていませんが、ロッテ監督としての2年間(1990年~91年)、ともに同じグラウンドに立ちました。当時のパ・リーグは監督もふくめ荒くれ者ばかりで、あのピリピリ感は半端じゃありませんでした。

特に川崎球場は高い金網のフェンスに囲まれ、審判が出場すると背後から扉が「ガッシャーン!」と閉められます。ベンチから球審までは野次罵声どころかひそひそ話まで聞こえるような至近距離で、右を向けば金田さん、左を向けば近藤貞雄さん(日本ハム)や仰木彬さん(近鉄)と言った強面ばかりで、気分はまさに「金網デスマッチ」。今宵、生きて帰れるだろうか…。監督が血相を変えて飛び出したり、両軍入り乱れての乱闘などは日常茶飯事という時代でした。

迎え撃つ当時のパ・リーグ審判団の大将は村田康一部長。「俺が村田だ、文句あるか⁉」で一世を風靡した名物審判でした。「ひるむな、負けるな、目をそらすな、背中を見せるな、退場させせん奴ぁ使わんぞ！」その援護射撃を信じ、皆で戦ったものです。そんな激烈な日々でしたが、あの苦しかったことも今はいい思い出です。数年前、ロッテ浦和球場で金田さんにお会いした時には「お前さんにバカヤロー！　と言ったおかげで罰金10万円取られたぞ、ガハハハ」と笑い飛ばしてくれる好々爺そのものでした。

今は判定に不満でも監督がベンチ前で四角を示せば事済む時代です。リプレイ検証後の判定は絶対で、抗議も乱闘も滅多に見ることはありません。暴力どころか暴言も絶対に許されないご時勢ですから当然でしょう。「昭和の野球」ではプロアマ問わず勝負への執念はすさまじく、その闘志が時には観衆をも熱狂に巻き込みました。それとは違った新たなる魅力あふれるスマートさやフェアプレー、それが「令和の野球」。それを実現することが現代を生きる野球人たちの使命ですが、あの荒々しい男たちの野球にもちょっとしたノスタルジーを感じてしまいます。

月見草

前頁の金田さんに次ぎ、またも巨星墜つ。野村克也さんの解説者時代のお話は傾聴に値し、著書は何冊も読みました。飛び抜けて頭脳明晰な野球学博士で、経験や実績でしかものを語れない野球人とは明らかに一線を画していました。楽天監督としてお付き合いしたのはたった4年間（06年～09年）でしたが、イニング間の選手交替時には必ずチクリとぼやかれたのも今となってはいい思い出です。

没後すぐに故人を偲び、京都府網野町にある野村克也ベースボールギャラリーへ行ってきました。献花台は花にあふれ、選手・監督としての実績は圧巻で数々のトロフィーやペナントは当然ですが、何よりも胸に迫るのが幼少の頃の家族写真でした。3歳で父親を失った極貧の家庭に育ち、中学のチームではユニホームも買えず一人だけシャツ姿。母親を楽にさせたい一心で南海にテスト入団したものの、1年目のオフに解雇を言い渡され、「ならば南海電車に飛び込んで死にます」とまで懇願し、クビがつながりました。そんな必死の思いでバットを振り、肩を鍛え、配球を覚えたのでしょう。

今、こんなハングリーさを感じさせる選手はめっきり減りました。裕福でなければ野球エリートになれない時代です。自分の凡庸さを誰よりも知っていた男は「劣等感」が支えになっていた、と語りました。通算出場試合数から本塁打、打点、安打、どれもが歴代2位という輝かしい「月見草」でした。

ちなみに、野村さんのお母さんのふっくらとした頬や目元が沙知代夫人にそっくりなのも驚きでした。彼女の励ましが何よりの活力になっていたのも納得しました。

きょうから夢舞台

上越タイムスに掲載された著者と野村さん

知らなかった柔道

実は小学校３年から６年までは柔道少年でした。町道場に週３回通い、とにかくでかい体と怪力を生かした「剛道」。中学では柔道部がなく、同じくらいに好きだった野球への道を歩み始めました。

ところがここ数年、すっかり柔道ファンになっているのです。きっかけは５年ほど前に読んだ「七帝柔道記」（増田俊也）。著者は北大柔道部 OB で、いわば青春グラフティーです。昭和の終わりから平成にかけての北 18 条近辺やキャンパスライフが描かれていますが、惹き込まれたのは全く知らなかった高専柔道の世界でした。

講道館柔道とは全く異質の寝技中心で、彼らの究極の目標は七大戦（旧帝国大学の総合体育大会）での優勝です。「参った！」は許されぬ過酷な闘いで、腕が折れようが落ちようが（失神すること）、この言葉だけは吐かないそうです。「練習量が全てを決定する」という逃げ場のない中でもがきます。乱取りで先輩にボロボロに叩きのめされ、プライドはずたずたに引き裂かれ、それでもひたすらに耐え、仲間を信じ、思いやる。敗れて大声で泣ける男は美しく、尊く、気高い。

そんな興味から冬のある日、札幌を訪れた折に道場を覗いてみました。凍てつくような中、聞こえるのはゼェゼェという吐息と、グワッという雄叫び、時折聞こえる悲鳴。潰れた耳、流れ落ちる鼻血、そしてむせ返るような汗臭さ、そんな中になんと女子部員も４人いました。寒さにではなく、背筋が凍りました。

北大柔道部での練習風景

若い時にこうしてたっぷりと汗と涙を流した男は（女も）、人として信頼できる、そう思った瞬間でした。

応援の力

今やどこの大学の応援団も人気薄で、前世代の遺物扱いされています。蛮声高らかに校歌を歌う姿は今の若者には決して格好良くは見えないのでしょう。でも彼らのエールは時には大きな戦力となり、選手から最大限の力を引き出してくれることもあるのです。

今でも忘れられない試合があります。2010 年 6 月の大学野球選手権で北大は 1 回戦で四国学院大、2 回戦は柳田悠岐選手（ソフトバンク）率いる広島経済大をいずれも 3 対 1 で破り、これに勝てば全国ベスト 4 という戦いに挑みました。相手はエースが塩見貴洋（楽天）、4 番は秋山翔吾（西武―レッズ）という強力チームの八戸学院大。まともに戦ったのでは勝ち目なし、小兵の力士が前みつを取り頭を下げて粘るような戦い、つまり 3 失点以内の接戦に持ち込むしかありませんでした。

その日、まず相手選手たちを震え上がらせたのはスタンドからの圧倒的な力でした。応援団の指揮のもと怒涛のような声援が飛び、地方大学同士の戦いにもかかわらず神宮球場は北大一色となったのです。完全アウェイだ、そんな焦りが相手のミスを誘い、逆に大ピンチでは味方のファインプレーを呼び込みました。

ついには延長戦となり、十四回裏 1 死からサヨナラ本塁打を打たれ 3 対 4 で敗れました。それでもこの日、スタンドに集った卒業生ら数千人の応援の力が、これほどの熱戦を演出したのは間違いありません。楽天が 10 人目の選手として、千葉ロッテがベンチ外の 26 人目の選手として、この背番号を応援するファンたちに贈ったのもうなずけます。

北大応援団

第6章 野球論

「全ての高校球児たちへ」著者のメッセージ

【高校1年生の君へ】

入学して数カ月、もう硬球や金属バットの重みに慣れましたか？　ひょっとしたらまだ基礎体力作りのランニングや球拾いばかりかもしれませんね。約束してもらいたいことがあります。２年後の、最後の試合の日を迎えるまで絶対に野球を辞めないでください。

今は体力も技量もないから、ほとんどの1年生は試合に出られません。放課後は毎日練習で、週末も試合の応援ばかり。勉強時間は不足するし、友達と遊べないしゲームもできない。体も疲れる。野球をやらなければもっと自由な学生生活を楽しめるのに、と思うことがあるかもしれません。でも、奪われる以上のものを今、得ているのです。

２年後の夏、君は強靭な肉体と不屈の心を持っています。幼かった少年はたくましい青年になっているでしょう。そして何よりも2年間の日々に多くの仲間たちと喜びや苦しみを共有し、強い絆を得ることができるのです。勝つための創意工夫や、仲間との結束、チーム愛、これらは決して教室で学べない勉強、それを野球は教えてくれます。

【高校2年生の君へ】

この季節になると思い出す2人の先輩がいます。母校（新潟県立高田高校）の野球部には廃部寸前の時期がありました。私が入学する前年の夏、部員がわずか2人になってしまったのです。夏休みの練習はキャッチボールとトスバッティングだけ、もちろん秋の大会は出場辞退でした。もしもここで彼らの心が折れて野球を辞めてしまったなら自動的に野球部は消滅、私が高校野球をすることもなかったでしょう。幸い翌春、10人ほどの1年生が入り部は存続できました。

今も帰省するたびに母校を訪れ、部室を覗きます。そこには歴代全部員の名札がかけられています。あの頃と同じ汗臭さやカビ臭さ、防皮クリームの香り、何度も縫い直したボール、傷だらけのヘルメット、何十年も前から変わっていません。床には何百人もの過去の部員たちの汗と涙が染み込んでおり、それが「伝統」

を熟成させています。この夏が終われば、君たちがこの「伝統」の継承者となり、新たなページを汗で書き込む番です。

【補欠とマネージャーの君へ】

夏の大会の地区予選にベンチ入りできるのは20人まで。3年生は入部以来、この夏を最終目標に練習してきたのだから、何としても仲間とともにグラウンドに立ちたいはずです。自分が投げ、打ち、守り、いやそれができなくとも同じベンチの中にいて戦いたい。マネージャーも同様だと思います。でも、規約上、皆の願いが叶わぬこともあります。

10年ほど前の夏に母校の応援に出かけた時、スタンドでは2人の3年生が背番号のないユニフォームで太鼓を叩く姿がありました。選手たちと同様、大粒の汗を流し、声を枯らしながら応援を見事にまとめあげていたのです。そして勝利の瞬間にはグラウンドに飛び降り、メンバーとともに整列し誇らしげな顔で挨拶をしました。この試合で戦っていたのはスコアボードの9人だけではありません。真のチーム力とは、こんな「応援の力」をもつ部員がどれだけいるか、です。

【高校3年生の君へ】

はっきり言います。もうすぐ君には負ける日が来ます。高校野球の最後の日を勝って終われるのは全国でたった1校だけですから。でも、君が3年間で何を学んだか、それを問われる日がここから始まります。たった1回の敗戦で終わってしまうのが高校野球ですが、実際の人生はそんなものじゃない。負けても負けても挑み続けねばならないのです。

正々堂々と勝つことは素晴らしいけれど、全力を尽くし潔く負けることにだって意味がある。負けの中にこそ、次なる挑戦へのエネルギーが込められています。実社会では敗者復活戦でしぶとく勝ち上がる者こそが真の勇者となりえます。「栄冠は君に輝く」は、何があろうともあきらめない君への永遠の応援歌です。

今でもくじけそうになると高校時代同様の坊主頭をさすります。一心不乱にボールを追いかけていた自分を、きっとこの夏も地区予選で見つけることができるでしょう。それが元球児たちの応援席での最大の喜びです。

ドラフト会議

毎年秋になると、プロ野球のドラフト会議が行われ、支配下指名80〜90人、育成指名30〜40人のプロ野球選手が誕生します。母校の後輩が、あるいは応援していたあの子がプロ入りしたと大喜びしている方も多いかと思います。地元ではおらが町のヒーロー誕生ともてはやされ、急に「友達」や「知人」が増えるものです。今は前途洋々、マスコミに煽るだけ煽られれば、つい本人も周囲もその気になってしまいます。ただ皆が皆、エースや4番打者にはなれません。レギュラーどころか一軍入りだって至難の業、今は球団の「戦力」ではなく「期待」されているだけなのです。それを知ってもらいたくて、ちょっと厳しいことを書きます。

あるスカウト曰く、「高校野球ばかり見ていると目が濁る…」と。毎年、多くの高校生が指名されます。甲子園のスターもいれば地方の無名選手もいますが、彼らの残した通算本塁打数とか奪三振率などは、まるであてにならないそうです。プロに注目されるような素材ならば、同世代の中では飛び抜けているのが当たり前。要は誰から打ったか、誰を抑えたか、という内容重視で見なければならないのです。

プロ野球界に37年間（１９８２年〜２０１８年）いましたが、この間に高卒1年目でエースや4番打者になったのは、松坂大輔投手と清原和博選手（西武―巨人他）だけ。松坂投手のデビュー戦は二塁審判として見ていましたが、マウンド上での躍動感や力感に惚れ惚れとしました。ルーキーイヤーの成績は16勝5敗、防御率は2・60でもちろん新人王。清原選手もしかり。打率・３０４で31本塁打、これから打者部門の記録の全てを塗り変えるのではないかという末恐ろしさを感じました。両者ともすでに完成品の風格さえありました。

では、今が旬の主な高卒1位指名の1年目の成績はというと、中田翔（日本ハム）は10安打（・２７８）、山田哲人（ヤクルト）も11安打（・２５０）、筒香嘉智（ＤｅＮＡ―レイズ）はわずか1安打（・１４３）、涌井秀章（西武―ロッテ他）は1勝6敗という数字です。ちなみにＭＬＢ組の大谷翔平（日

ドラフト会議の様子（2006 年）

本ハム―エンゼルス）は投手として3勝、打者として45安打（・238）、ダルビッシュ有は5勝5敗、田中将大は11勝7敗ながら防御率は3・82、あの松井秀喜（巨人―ヤンキース他）でさえ41安打（・223）の11本塁打でした。2年目に、一気にブレイクした村上宗隆（ヤクルト）も1年目は12打数1安打（1本塁打）だったのです。

共通しているのは皆、3年目から体がぐんと大きくなり、驚異的な伸びを見せていることです。ルーキーの年は即戦力ではなく、高校4年生のようなもの。焦ることはありません。どんな逸材たちも、初キャンプではプロの恐ろしさに震え上がるはずです。でも、そこからがスタート。どうか高校4年生のままで終わらぬことを願っています。

具体的に名前は出しませんが、5年前、10年前のドラフト指名一覧を見ればいかにプロで活躍することが難しいかがわかるでしょう。レギュラークラスになるのは同期入団でせいぜい1割程度。ですから極論するならば1割の勝者と9割の敗者で成り立っているのがプロ野球界なのです。選手会の調べでは平均の在籍年数は9年で、引退時の年齢は29歳。でもこれは数字のマジックで、先述した1割の勝者が平均値を引き上げているのであって、数年で「引退」ではなく「解雇」となる者が大多数です。

入れば平等、同一ラインでのスタートと言われますが、実際にはドラフト上位者は優遇されます。いわば特待生のようなものでチャンスも多く与えられ、球団の期待も大きいのです。多額の契約金は先行投資であり、当然それに見合うリターンを求められ、好成績を残せなければコーチやスカウトの責任も問われます。

しかし下位指名や育成契約からでも新人王やエース、タイトルホルダーもたくさん生まれています。要は入ってから、いかに伸びるかです。数字は正直に選手の実力を語ってくれます。二軍戦であろうと3割を打ち、2点以内の防御率や多くの勝ち星を挙げれば着目されるのは自明の理。そこから這い上がってくる選手に共通するのは、なぜ自分がこの世界に入れたのかという原点を見失っていないことです。

スカウトの目は節穴じゃありません。この点はプロで使える、という武器を必ずや見出しています。武器をさらに磨く、それを理解するコーチとの出会いも大切な要素であり、運にも左右されます。逆に年々、劣化する選手もいますがそれは不幸にして環境（コーチとの相性など）に恵まれなかった、あるいは周囲（甘い誘惑など）に流されてしまった、自分の武器を見失ってしまった（自信喪失）といったケースがほとんどでしょう。

もう一点、大切なのはハングリー精神。現場のコーチがよくぼやくのは、最近の選手にはガツガツとしたものが感じられないということ。まずは理屈ありきで、ネットなどで箇単に情報が入る時代ですから、最新の理論だとかテクニックばかりを求めるそうです。ひたむきに汗を流し、何が何でもこの世界で飯を食うんだ、という強くみなぎる気迫が稀薄、これでは洒落にもなりませんね。超一流になった選手には「遊び」の香りがしないものです。そのストイックさにむしろ周囲が気遣い、甘い誘惑などが断ち切られるのでしょう。

文字通りのハングリーさ（貧困）と無縁なのも一因かもしれません。何しろドラフト1位ならば契約金1億5千万、年俸1600万円が当たり前の時代で、同世代どころか初年度から親の年収をも上回る給料が与えられるのです。用具もメーカーから全て支給で、無償で使い放題。合宿費などは微々たるもので、年俸＝可処分所得ですから、金銭で困ることはない。それが若くして当たり前だと思ってしまう。自分は特別な人間なのだ、と錯覚するのも無理なからぬことです。だからこそ新人の時に健全な金銭感覚や周囲の人々との付き合い方などを学ぶ必要があります。必ずやその後の野球人生にも生きてくるはずです。

勝負師の世界

「聖（さとし）の青春」という映画を観ました。羽生善治さんとともに天才と呼ばれながらも膀胱ガンのため29歳にして夭逝した棋士・村山聖さんの物語です。実はプロ棋士たちの世界は、プロ野球選手とも非常に良く似ていると思うのです。幼少の頃から「天才」「神童」ともてはやされ、同世代や同地区の中では常にトップクラス。上のレベルに行くにつれ、さらなる大きな才能に出会い淘汰されていきます。その結果、例えば100人のエリートたちがいるとすれば奨励会（プロ棋士への登竜門）やプロ野球界に入れるのはせいぜい20人程度に絞り込まれます。さらにそこからタイトルホルダーやレギュラーになれるのはせいぜい3～4人、ふるいから落とされた元エリートはそこで一旦は道を絶たれるのです。

カジノの用語で「オール・イン」という言葉があります。いわゆる有り金勝負という意味で、一か八かの大勝負、All or Nothing です。どんな職業であれ、お金を稼ぐとはその道のプロということですが、こと将棋や野球などは専門職の世界で、逃げ場はありません。ここで負けたらゼロのオール・イン、ダメならば、次は囲碁やサッカーに挑戦するというわけにはいかないのです。

1割の勝者と9割の敗者、それが勝負師の世界です。では、ここで敗れれば人生の落伍者となるのか？　否、いかに喪失感や絶望感が大きかろうとも、そこへ至るまでに積み上げてきたプラスの財産があるはずです。トップを目指し誰よりも多くの時間をかけ、努力をし続けてきた今までの自分、その存在がゼロになることは決してありません。

冒頭の映画の原作者は大崎善生さんですが、彼の書いた「将棋の子」ではプロ棋士（四段以上）になれなかった男のその後を描いています。それを読みながら、自分の思いはプロ審判員に挑戦したがなれなかった若者たち、そして志半ばにしてこの世界を去って行った元審判員たちを追っていました。

ある者は採用予定枠という相対評価の壁に阻まれ、ある者は二軍ではなくさらに厳しい「二軍での評価」という物差しに涙しました。彼らはどんなにか悔しかったことか、そしてその決断を下す側の苦しみや辛さはいかばかりだったたか、それが解決されるには相当の月日が必要でしょう。

ある若手審判員は9月末に来季の契約を更新しない旨を伝えられた後、どうしてももう1試合の出場を、と懇願してきました。公式戦ではない練習試合でしたが、そこへ彼の家族を呼び寄せ、ともにグラウンドで汗を流した仲間を塁審に配置し、大きなコールで最後の球審を終えました。

試合後は皆の胸の中で泣き崩れながらも、どこか晴れやかな顔で球場を後にし、今は故郷で家族とともに新たな道を力強く歩み出しています。研修審判員になりながらも最後の扉（育成審判員契約）を開けることができなかった者も、しかりでしょう。

忘れてならないのは、そんな彼らを応援している仲間がこの先も間違いなくいることです。同じグラウンドで戦った者同士、その汗や努力が本物だったならば何も恥じることはありません。将棋も野球も世の中にはなくてもよいもの、それでもあるのはこんな男たちの熱い戦いへの共感と尊敬なのだと思います。

平和あればこその野球

今も世界の各地で紛争が絶えません。中東ではテロリスト集団による殺害事件が日常茶飯事、貧困や飢餓もしかりです。そんな時、何もできずに野球三昧をしていてよいのか、と思い悩むことがあります。大袈裟かもしれませんが、野球を通じての世界平和への貢献の道はないのか、と。

日本にプロ野球が生まれて80年以上になりますが、途中1年間、中断した時期があります。1945年、終戦の年です。この戦争で多くのプロ野球在籍者が亡くなりました。彼らへの鎮魂の碑があります。それが野球殿堂博物館のすぐ近くに建てられている「戦没野球人慰霊の碑」。そこには、沢村栄治（巨人）、景浦將（阪神）、石丸進一（名古屋軍）といった有名選手など総勢で73人の名前が彫られていますが、それ以外の戦没野球人の思いもこの碑には込められているのです。私は毎年8月になるとここを訪れ彼らに手を合わせています。

2018年は夏の甲子園大会が開催されるようになって100周年でしたが、実際

球児の歓声が響く甲子園球場

には１０３年の歴史がありました。戦争による３度の中断です。歴史ある東京六大学も１９４３年から３年間の解散時期もありました。そしてその頃に神宮球場での学徒出陣壮行会もあったのです。

このように、当時の球児たちはボールの代わりに手りゅう弾を投げ、バットではなく銃を手にしていました。戦争により、その後の日本の野球の歴史を塗り替えるような名選手をどれほど失ったことか。「野球人慰霊の碑」にはそんな多くの若き無名選手たちの無念の思いも込められています。野球のない夏など、まっぴらごめん。球児の歓声と球音の響くグラウンドは永遠の平和遺産です。もう、奪われてなるものか。彼らに恥ずべきプレーは見せられない、そして平和あればこその野球、いつまでも野球を楽しめる国でありたい、と強く願います。

人類の健全な闘争心の発露の場がスポーツです。そしてお互いを尊敬し合い、ルールを守り正々堂々と戦う場を司るのが審判。いい試合のために必要不可欠な、いい審判を育てる、その環境を整える、きっとそれが今の自分にできる最大の平和貢献なのでしょう。この碑を前にするとスッと背筋が伸びるような気がします。

とある少年院にて

数年前、とある少年院での講話を頼まれました。野球や、あるいは審判員という仕事を通じて学んだものを彼らに話し、矯正への手がかりにしてもらいたいとのことでした。野球には厳格なルールがあり、それを守らなければ試合は成り立たないし、フェアプレーの精神なくしては試合も楽しくはない。現実の社会にしても同じ。ルールを守ることとフェアプレー、それがテーマとなりました。

もちろんこういった施設内に入ったのは初めてでした。まずは院内各所を案内してもらったのですが、どこも施錠だらけで窓には鉄格子がはめられ、高い塀の上には有刺鉄線という寂しい光景でした。授業もあるのですが、ほとんどは実社会で役に立つであろう専門技術（金属加工や溶接、木工作業など）の習得に当てられているそうです。

また、不規則な生活によって体の弱っている子も多く、健康の回復のためにスポーツにも多くの時間が割かれています。個人面談も頻繁に行われ、時には家族の面会も許されています。当日は、産まれたばかりの赤ちゃんを抱いたハイティーンのような娘さんが面会室にいたのにはには驚かされました。

さて、十代半ばで道を見失ってしまった子供たちです。家庭不和、貧困、悪い仲間からの誘い、いじめなど、ここへ来る前には何らかの外的要因があったはず。そんな心に傷を負った子供たちがはたして私の話に素直に心を開いてくれるのか、聴いてもらえるのか。こちらの心も試されるような気がしました。過去は消せないが未来は自分で切り開けるはずだ、誠心誠意の言葉を投げかけてみようと覚悟を決めました。

中にいたのは本当に普通の男の子たちでした。下は15歳から上は20歳までの30数人。ほとんどは丸坊主ですが、出院間近の子は長髪も許されています。まずはきちんと並べられていた椅子を車座にし、フランクな雰囲気作りから。「野球の好きな子は？」と聞いてみたところ、半数以上の子が手を挙げてくれたので、ひと安心。それから野球は自分に何を教えてくれたのかを話し始めました。

決められたルールの中で正々堂々と勝つこと、潔く負けること。努力の報われる喜び、報われぬ悲しみ。勝つための創意工夫やベンチの一体感、仲間への信頼、そんなことを精一杯語りかけました。もうダメだと諦めかけた弱い自分もいましたし、そんな時にでも「何クソ！」と再起できたのは、家族からの支えや、応援してくれる人達の期待を裏切りたくない、という思いがあったからです。

少年院を出ても彼らを取り巻く境遇は厳しいかもしれません。そして過去も消せません。でも未来はまだ真っ白で、これからの自分が主人公となって書き込んでいけるはず。どうか応援される人間になってほしい。そして何があろうとも味方になってくれる良きパートナーを見つけてほしい。そんなことを畳み込むように話したラストではこちらの思いがあふれ出し、涙ぐんでしまいました。誰一人として居眠りするようなこともなく、最後まできちんと背筋を伸ばし聴き入ってくれた1時間半でした。自分にとっても忘れられない経験となりました。

余談ですが、ここの院長が以前に勤務していた少年院に、日本中の誰もが知るスーパースターの野球選手が慰問に来てくれたことがあったそうです。マスコミを完全に遮断し、極秘での来院でした。決して彼自身の宣伝や美談調の記事にしてもらいたくない、という思いからでした。そして彼らとたっぷりと5時間も一緒に野球を楽しみ、一人一人とキャッチボールをし、昼食をともにして帰ったそうです。

少年院の子たちがその日に書いた日誌のことを少し聞かせてもらいました。それこそ踊るような字で、スーパースターと野球ができた喜びと興奮が綴られていたそうです。おそらく中には中学や高校で野球をやっていた子もいたはずです。もう一度、あの頃に戻り仲間と野球を楽しみたいと願ったのではないでしょうか？　とかく社会貢献というとお金や物品が優先されがちですが、こういった一つの行動こそが何よりも多くのことを語り、彼らの固く閉ざされた心を溶かしていくのではないかと思いました。

心からの拍手を

さて、私は今でも高校野球が大好きで、観戦後はいつも元気モリモリとなります。甲子園もいいけれど、実は地方大会の予選の方が好きです。毎夏、本業の合間を縫って3～4試合は観に行っていました。終われば必ずやスタンドに立って心からの拍手を送るのですが、それはここまで頑張った3年生たち、そして炎天下で裁いた審判員たちへのものです。

仕事柄、アマチュア審判員の方々とのお付き合いも多いのですが、毎年のように甲子園のみならず地方大会での判定に対しても「不手際だ」「お粗末だ」「あんなジャッジでは選手が可哀想」といったコメントや報道を見受けます。でも、何があろうとも私は審判員を支持、擁護し応援します。彼らの努力と貢献に、野球人ならばもっと敬意を表すべきではないでしょうか。

プロの審判員は「職業」としてやっているのですから、判定への野次や罵声、非難、時には処分も甘んじて受けますが、アマチュア審判員はボランティアです。出るのはせいぜい実費の交通費とお弁当くらい。土日も有給休暇も返上し、あの舞台に立っています。家庭があれば当然、家族からの相当の理解が必要ですし、その軋轢から審判活動を断念した人や家庭不和になってしまった人も数多く知っています。

それだけの代償を払いながらも、アマチュア審判員を続けるモチベーションは球児たちの熱いプレーに応えたいという野球愛と、大会を支えている誇りです。1回の敗戦で全てが終わってしまうトーナメントの重みを誰よりも知っており、生半可な気持ちで臨んでいる審判員など決していません。そんな審判員たちが最善を尽くした最終判定について、とやかく言うのはあまりにも失礼です。

マスターズ甲子園で判定を下す

何度も言いますが、人間の限界は99点。「That's the Fact of Baseball」(それが野球さ)と野球の神様は笑って選手たちに諭すはずです。奇しくもイチローはＭＬＢでの３０００本安打を達成した時、野球が好きで続けられる理由を「うまくいかないことが多いから」と応えました。そこには自分でコントロールできない審判の判定も野球の魅力のうち、という意味も含まれていると私は解釈しています。

ちなみに、ＮＰＢの若手審判員たちは年間に１５０試合以上、球審も50回ほどをこなしたうえに、毎日練習もしています。それを何年も続け、経験を積んでもまだ99点には到達できない。それほどに審判とは難しいのです。声高に非難する人がそれを理解しているとは到底、思えません。極論ですが、私はアマチュアの方には「文句を言われたら仕事じゃないんだから、さっさと帰っていいんですよ」とさえ言います。その時、審判の存在なくして野球はできないのだ、と両チームは気づくはずです。

私が一番恐れるのは、こんなバッシングが当然のように続くといずれは審判員を志す人がいなくなってしまうのではないかと思うからです。今、最も深刻な問題が審判員数の減少です。ＢＦＪ（全日本野球協会）の調査では、ライセンス制度に登録された公認審判員は全国で３万５０００人となっています。その平均年齢はなんと53・5歳。一番高い群馬県は60・3歳で、審判員数は５００人。15年前に比べ２００人も減っているのです。他にも登録外の教員審判やお父さん審判、草野球審判などまで含めれば全国で8万人ほどがいると言われていますが、どの団体でも近年の審判員不足と高齢化は切実な問題です。

審判なんて一生懸命やっても報われることが少なく、何かトラブルを起こせばバッシングを浴びるばかりの損な役回りだ、そんな認識が野球界に広がることに何のメリットがあるでしょうか？　審判への非難や批判は一見、球児のための義憤とか、あふれる野球愛に駆られた正義感からのように見えますが、実は野球界全体の衰退を招く要因ともなるのです。もちろん審判の側も日頃の努力や反省などを怠ってはなりませんが、アマチュア審判員にプロ並みの判定技術や練習量を求めるのはあまりにも酷です。

公認野球規則「8・00・審判員」の項目を尊重し、審判員の努力と貢献にもっと心からの拍手を送りませんか？　それが一番の励みとなるのですから。その最前線に立つのが「審判応援団長」、私のかけ声に多くの野球人が応えてくれることを願ってやみません。

いつか「審判員」が野球殿堂へ

毎年、開幕前にＮＰＢ記録部から「グリーンブック」と「ブルーブック」が発刊されます。前者はセ・リーグ、後者はパ・リーグ関連のありとあらゆる記録が載っています。過去に在籍した全選手のデータから各球団の変遷や年度順位、表彰選手、オールスター、日本シリーズなど、プロ野球80数年の歴史のすべてが詰まっていると言っても過言ではありません。もちろんその数字も正確無比で、記録員の方々の叡智と努力の賜物です。市販はされていませんが、NPBのホームページから申し込めば、購入が可能です。記録マニアの方には垂涎の一冊でしょう。

さて、先日ちょっとした調べ物があり審判員の項目をじっくりと読む機会があったのですが、驚愕の事実を次々と知ることができました。以下、クイズ形式で出題しますので、考えてみてください。

【問1】1936年がプロ野球発足の年とされていますが、2019年までの84年間にプロ野球選手は育成選手も含め1万人弱が登録されています。では、この間に在籍した審判員は何人いるでしょう?

【問2】選手も審判員もまずは一軍昇格を目指し、最終目標は日本シリーズ出場です。その夢を叶えた審判員は今までに何人いるでしょう?

【問3】審判員も選手同様に1年契約です。技術上の問題や健康面、自己都合などでやむなく10年未満で退職したのは何人でしょう？　逆に20年以上勤め上げたのは何人でしょう？

【問4】選手で３０００試合を達成したのは谷繁元信さん（横浜—中日・３０２１試合）と野村克也さん（３０１７試合）の２人だけ。では審判員で３０００試合以上に出場したのは何人でしょう？

おそらく相当の野球通でも、正解に近い数字は出てこないのではないかと思います。現役審判員に問うても頓珍漢な答えばかりでした。

では正解を。

【答1】２３７人です。

かつて6人制審判の頃は両リーグで65人前後がいましたが、４人制となってからは減少し、２０１９年度の現役審判員数は55人でした。

【答2】わずか95人です。

プロ審判員になっても4割ほどの者しか晴れの舞台に立てないのです。ちなみに最多出場は元セ・リーグの岡田功さんで21回。10回以上出場した実力者は19人しかいません。日本シリーズは少数の選ばれし者だけが立てる夢の舞台、ということがおわかりでしょう。

【答3】59人です。

一軍公式戦でレギュラーメンバーとして活躍できたか、という基準で考えてみました。もちろん契約解除以外にも自己都合や健康問題がありますから、一概に審判員としての実力を在籍年数で測るのは無理があるのはご承知おきください。逆に20年以上務めたのは91人。ほぼ審判員としての職務を全うしたと考えてよいでしょう。日本シリーズ同様、4割ほどの者しかいません。ちなみに選手の目標でもある一軍での1000試合出場を達成した審判員は127人。約半分ですね。

【答4】前述した岡田功さんの3902試合を筆頭に18人います。

現在は4人制ですから年間の出場数は多くても100試合程度です。近年は育成に時間をかけ、じっくりと実力を蓄えてからの一軍昇格というシステムになっていますので、これ以上に増える可能性は低いでしょう。

こんな数字を見るにつけ、やはりプロ野球審判員とはよほどの情熱や体力がないと務まらない仕事なのだなぁと痛感します。何かあれば批判にさらされ、時にはファンから袋叩きにされるほどの非難を浴びます。褒められることは滅多にないけれど、それでもとにかく野球が好き、という言葉のピッタリとくる集団です。

かつて審判組合の執行役員をやっていた頃、プロ野球機構の担当者とは待遇改善を巡って相当にハードでタフな交渉をしました。表向きは年俸交渉でしたが、根底にあった皆の願いは球界内での地位向上です。今は各球団とも相応の理解を示し、例えば一軍公式戦1000試合から500試合毎の節目の出場には試合成立後の五回裏にオーロラビジョンで紹介し、花束を贈呈してくれるようになりました。NPBアワード（表彰式）にも呼ばれ、そこでは最優秀審判員賞や奨励賞、ファインジャッジ賞などの栄誉が与えられ、現役諸兄の励みにもなっています。

過去に野球殿堂入りしたプロ審判員は二出川延明・池田豊・横沢三郎・島秀之助・筒井修さんら5人いますが、実は監督経験や野球選手としての実績も加味されているようです。いつか純粋に審判員としての評価だけで殿堂入りする先輩あるいは後輩が現れる日を願ってやみません。

振り向かなかった馬

所用で日高地方に出かけた時のこと。海岸線のドライブを楽しみ、立ち寄った新冠町の道の駅で偶然にもハイセイコーの銅像を見かけました。1972年の夏にデビューし、1974年の有馬記念で引退した伝説的名馬はこの地で産まれ、息を引き取りました。

地方競馬でデビューするやいきなりの6連勝で、それも大差のレースばかり。これでは競馬にならないと異例の中央競馬への移籍で、ここでも重賞を含む16戦で7勝を上げました。ただ戦績だけを見れば超一流というほどではありません。それでも100円の単勝馬券の払い戻しが100円という信じがたい数字も残しました。初めて「怪物」という言葉がスポーツ界で使われるようになり、社会現象とさえ言われたこの異常人気はなぜ出たのでしょう？

「サラブレッドは血で走る」と言われるように、まずは血統の世界です。ハイセイコーはごく平凡な両親から突然変異的に産まれた、いわば非エリートの星だったのです。生まれも育ちも並み、という世の中のほとんどの人が等身大の自分をこの馬に見出しました。ひょっとしたら俺だっていつかはエリートたちに勝てる日が来るかもしれない、あるいは俺の子供だって…。そんな思いを100円玉に込めたのではないか。それは後の高知競馬で113連敗をしたハルウララへの人気とも相通ずるものがありました。

常に先行し､脚の限界点がゴール地点だったかその手前だったか、というレースばかりでした。そんな走り姿に惚れこんだ詩人の寺山修司は、この馬に「振り向くな、振り向くな、後ろには夢がない」という一節を捧げました。この頃の総理大臣は田中角栄氏。田舎者が前にある夢を見てまっしぐらに突っ走り、それを実現させた時代でした。

血統の世界に生きるサラブレッド

さて、宿泊先の新冠温泉近辺はサラブレッド銀座とも呼ばれ、数多くの名馬を産出した土地です。ふと立ち寄った優駿記念館の正面口には芦毛で小柄なオグリキャップの銅像があり、館内では競馬ファンから伝説とも評される90年の有馬記念のビデオが流されていました。ハイセイコー同様に地方競馬から勝ち上がり中央に乗り込んだ名馬は、圧倒的な強さで勝ち星を重ねました。

ただ6歳になる頃にはその豪脚にも衰えが見え始めます。年末の有馬記念への出走人気投票では1位でも、決して馬券人気は高くはありません。前2走で6着、11着と惨敗しており、これは引退レースでした。ファンは最後の雄姿を見たい、そんな願いを込めての投票だったのでしょう。

ところが…。もう終わった馬だ、と見なされていたオグリキャップは最終コーナーで抜け出し、一馬身差で逃げ切ったのです。鞍上にいたのは幼い顔の武豊（当時21歳）、ウィニングランでは「オグリ！　オグリ！」という史上初のコールが自然発生的に湧き起こりました。

その地鳴りのようなコールが響く実況放送を聞いたのは大型トラック助手席でのラジオからでした。プロ審判員になって9年目、まだ年俸も安くオフは引っ越しセンターのアルバイトに明け暮れていた頃。もちろん競馬を楽しむ、馬券を買うなど別世界の話で、本当に審判で飯が食えるのかと不安ばかりの日々だったのです。同世代のライバル審判員たちに敗れ、馬群に埋もれるように一生そのまま沈み込むのではないか。「いや、オグリキャップは引退レースで勝ったんだ。勝負は最後の直線だ。俺なんかまだ第1コーナーを回ったばかりじゃないか」。そんな希望を与えてくれた忘れえぬ一瞬でした。

あの日から30年、やはり馬群に埋もれたようなレースで審判人生を終えました。でも、勝てなかったけれど全力の勝負はできた、振り向きもしなかった、その誇りがこれからの人生の支えとなるでしょう。

仲間でありライバルでもあった審判員たちと（右から2人目が著者）

振り向かなかった男

1964年の東京オリンピックの最終日に行われた男子マラソンはアベベ（エチオピア）の圧勝でしたが、し烈な2位争いとなりました。優勝したアベベがクールダウンをしている頃、国立競技場は悲鳴にも似た大歓声に包まれました。2番目に入ってきたのは小柄で少しがに股気味、苦し気な表情をした日本の円谷幸吉選手でした。その背後にイギリスのヒートリーが大きなストライドでグングンと迫ってきたのです。

円谷選手は自分への声援と思ったのかもしれません。ラストの1周を駆け抜ければ銀メダルが待っている、そう思った瞬間に並ばれ直後には抜き去られました。ほんの数十秒間の出来事でした。もしもあの時、後ろを振り向きヒートリーの存在を確認できていたならレース展開はもっと違っていたのかもしれません。それでも全力を出し切り、自分の信念で走り抜いた円谷選手の、表彰台でのちょっとはにかんだような笑顔が忘れられません。

「男は後ろを振り向くな！」それが厳格な父から教えられた言葉でした。駆け引きなどせず、とにかく限界点まで前だけを向いて走ることが彼のマラソン哲学だったのでしょう。それから3年3カ月後、次のメキシコ大会での金メダルを期待されましたが故障に苦しみ、選考レースで走ることもなく自らの命を絶ちました。

幼少の頃に教育勅語を暗誦し、お国のために尽くすことを叩きこまれた自衛官でした。親族に宛てた遺書は食べ物に感謝の気持ちが込められ、一人一人の名前を書き、最後に「もう走れません」と締めくくられていました。自分のためにだけ走るならば振り向くことも、歩くこともできたのに…。これも「日の丸」の悲劇でした。

さぁ、来年は東京オリンピック。「日の丸」を背負う誇りや品格は大切ですが、まずは自分ありき、どうかお国のためになどとは思いませぬように。

札幌オリンピックがあったから…

冬季オリンピックで忘れられないのは何と言っても 1972 年の札幌での開催でした。当時は高校 1 年生、「銀盤の妖精」と呼ばれた 18 歳のジャネット・リン（米国）が転倒しながらも愛くるしい笑顔で演技を続けたのにはしびれましたが、それ以上に感動したのが 70 メートル級ジャンプでの日本勢の表彰台独占でした。

当時の映像を見ると地味な濃紺と赤のユニホームに毛糸の帽子。助走も背を丸めて膝を抱え込むようなスタイルで、滑空中は両脇を締めスキー板をそろえ、前傾姿勢もそれほど深くはありません。今の派手なジャンプスーツにヘルメット、両手を後ろに伸ばしスキー板の先端を開くＶ字飛行とはまるで別物の競技のようでした。最後に笠谷幸生選手が着地をぴたりと決め、金メダルを獲った時のアナウンサーの絶叫は今も耳にこびりついています。「笠谷！　金野！　青地！」、この 3 人の名前をどれだけ聞いたことか。

この「日の丸飛行隊」が飛び立ったのは宮の森ジャンプ台。そこからは真っ白で、幻想的な札幌の街が見えていました。連日テレビやラジオから流れる「虹と雪のバラード」、人口が 100 万人を超え活気あふれる新都市、開通したばかりの静かなゴムタイヤの地下鉄、大通公園の雪像。

それらをふと思い出したのはそれから 3 年後の初夏でした。神宮球場で野球をすることを夢見て上京したものの、大都会での生活になじめない浪人生が志望校を変えようかと手にした受験雑誌。そこで「星影さやかに光れる北を、人の世の清き国ぞと憧れぬ」という寮歌の一節に出会った時、未踏の地だった北海道への思いが一気にあふれ出したのです。よし、ここから飛び立とう！　あれからもう 50 年、間違いなく自分の運命を変えてくれたオリンピックでした。

北大野球部時代の著者（右から 2 人目）

第7章 野球界への提言

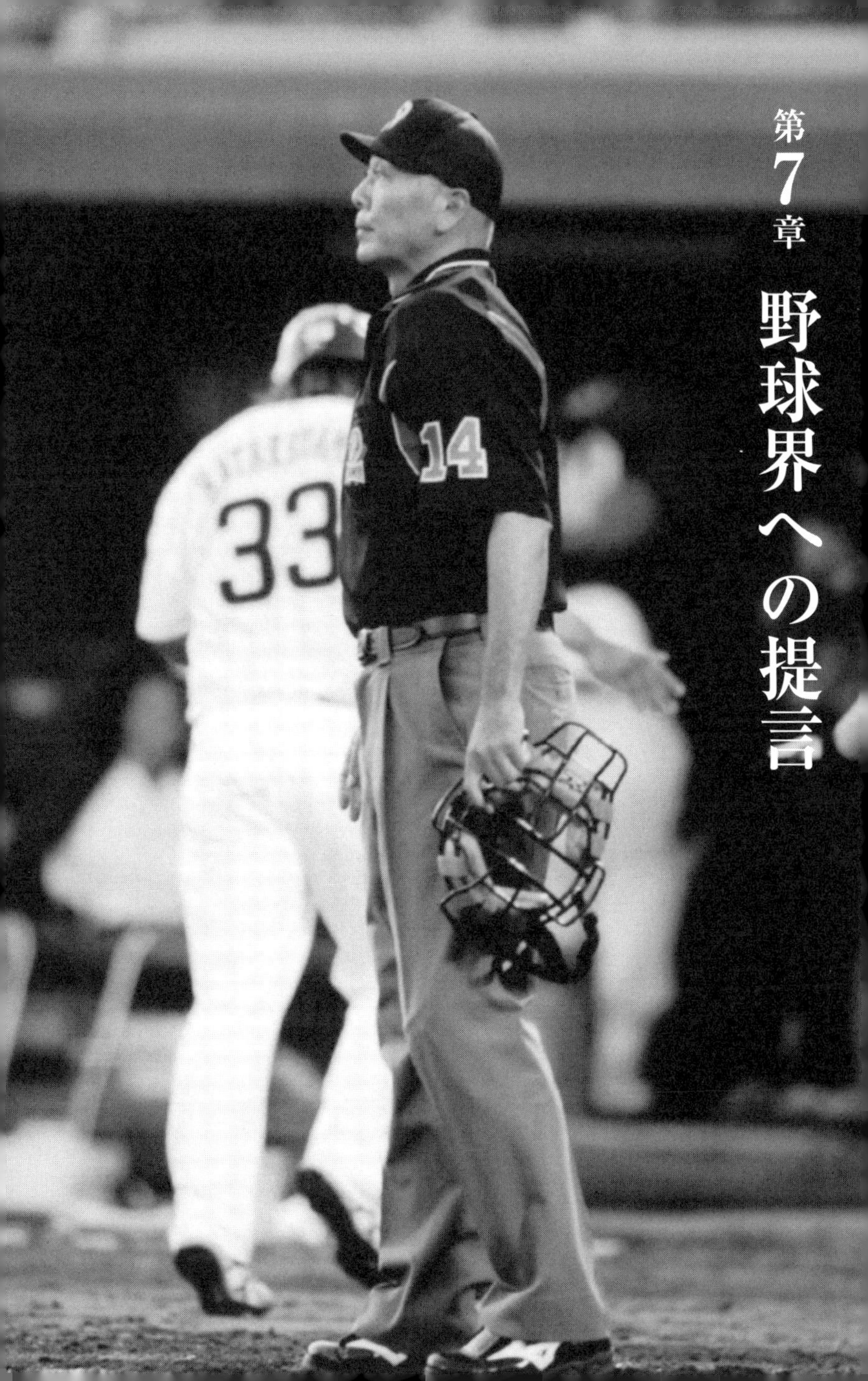

「私は一度も間違えたことがない。ウソだと思うなら証拠を見せてみろ！」。こううそぶいたのはビル・クレムさん。２５０回もの退場宣告をしながら野球殿堂入りした、ＭＬＢ創成期の名審判です。また、「俺がルールブックだ！」と言い放った元パ・リーグ審判部長の二出川延明さんは明らかなミスジャッジの写真を突きつけられた時も「写真が間違っている！」と突っぱねました。リクエスト制度がプロ野球の一部となった今こう言い放ったならば厳然たる証拠を突きつけられ、炎上必至です。

駆け出し審判員の頃、一番つらくて苦しかったのは自分でも「しまった！」と思う判定を押し通さねばならなかったことでした。当時は一度下した判定は絶対で、何があろうとも覆してはならない時代です。もしも判定を変更するならば腹を切る覚悟が必要とさえ教えられていたのです。救いだったのはまだビデオが普及しておらず、たとえ明らかな誤審でも確実な証拠を突きつけられなかったことです。

それから三十有余年、今はとにかく「正確な判定」が求められ、人間の目よりも機械の目が信頼されるようになりました。まずは、「リクエスト制度」の歴史からお話しします。

リクエスト制度

「リクエスト制度」の導入

ＭＬＢで２００８年から始まったビデオ判定は当初はポール際やフェンス際の打球がホームランかファウルか、スタンドインかフェンス最上部からの跳ね返りか、というケースだけに限られていました。ですから判定が覆るのはせいぜい年に十数回程度でした。

しかし、それ以上の正確な判定を求められるようになり、２０１６年から投球判定以外の全てのプレーに対してリプレイ映像での確認を求めることができる「チャレンジ制度」が導入されたのです。その結果、以後の3年間で２０００回近くの「誤審」を審判団は認めざるを得なくなりました。

球場は4人いる人間の目ではなく、12～20台のカメラの目に支配されるようになりました。現場の判定は仮のもので、最終判断はニューヨークのビルの一室にある管理センターで、８人の審判員たちが下します。ちなみにこの制度を設立するためにリプレイ検証設備の充実、2クルー8人のMLB審判の増員などで30億円以上の経費がかかったそうですし、そのための維持費用も年間に数億円かかります。

NPBでも2010年度から始まったリプレイ検証は、当初はMLB同様にポール際やフェンス際の打球に限られていました。その後、2016年にコリジョンルール（本塁での衝突防止）や、2017年には併殺崩しの危険なスライディングなどにも適用範囲が広がります。

そして、ついに2018年からMLB同様の「リクエスト制度」として各塁の各プレーや打球判定について1試合に2度まで、延長戦に入った場合はもう1度というリプレイ検証が認められることになりました。もしも判定が覆ったならば、回数には数えられません。ただし、対象外のプレーもあります。例えば投球判定やボーク、守備妨害、走塁妨害などです。機械の目はその場で起こった事実（プレーの映像）を伝えてくれますが、その事実をどう判断するかはひとえに審判員に委ねられるからです。

不満噴出

野球では大まかに言って1試合に400回から500回の判定があります。そのうちリクエストの対象になるのはせいぜい100回から多くとも200回の範囲内でしょう。

2018年のMLBでは約2500試合で1422回のチャレンジがあり、判定変更は701回（49・3％）。同じくKBO（韓国プロ野球）では720試合で706回の要請に対し、判定変更は220回（31・2％）。この数字から類推すればNPBでは日本シリーズまで含めると最大で883試合が開催されますから数百回単位でのリクエストがあり、判定変更も半数近くになると想定されました。

結果的には一軍公式戦858試合で2018年は494回のリクエストがあり、そのうち判定変更となったのは162回（32・8％）でした。2019年は584回で、変更回数は176回（30・1％）でした。この数字を多いと見るか、少ないと見るか？ 全判定に対する変更率は、1％未満です。つまり99点を及第点とするか否か、ということ。

MLBやKBOの数字から想定するならば、当初は700回前後のリクエストがあり、300回前後の判定変更があると思われていましたので、現時点での評価としては上々だったのではないでしょうか。もちろん正しい判定を覆してしまったという痛恨の出来事もありましたし、取り決め事項の不備によりリプレイ検証をすれば事なきを得たのに、というプレーもありました。また、検証画像の不鮮明さのため、正確さに欠いたのではないかという問題もあります。

検証で見るのはその試合の中継局のテレビ画像ですから、各球場によってまちまちでした。また、MLBと違って現場にいる審判団に判断を委ねるのですから、裁判の結果を当事者に求めるようなもので、酷なことでした。より良き制度にするため、導入初年度のオフには現役審判員のみならず、NPB事務局、球団が三位一体となって研究課題として取り組み、さらなる制度の進化発展案を練り、翌シーズンに臨みました。

ところが、リクエスト制度に現場も慣れたのか、2019年は開幕当初から様々な不満が噴出し始めました。リクエストにより正しい判定に変更されたのに、なぜあんな明らかな間違いを犯したのだという不信感。あるいは最終判定後の抗議は認められないのに監督がベンチを飛び出し退場となる、検証が不十分で最終判定に納得できないなど…。それらを巡って球団からの意見書や質問状も多く提出されるようになりました。

再度、声を大にして言います。リプレイ検証で映像を確認するのは人間の目なのです。

それもたった数人が数分以内に、ごく限られた映像のみでの判断を強いられているのが現状です。判定を覆すに値する確実な映像が出なければ、当初の判定のままになるのは全球団の了解事項でした。また、審判員のみが判断する妨害事項、例えば野手と走者が接触した時にそれを守備妨害か走塁妨害かを判断するケースなども対象外です。

ＭＬＢでは前述したようにチャレンジ制度のためにニューヨークに専用検証ルームを設け全15試合を中継、そこに常時検証するための審判員を8人も配置しています。各球場の専用カメラからはあらゆる角度からの鮮明な、スーパースロー再生もできる映像が提供されます。

しかるに我が国で提供される映像は今も中継テレビ局の数カットのみで、検証をさせるのも当事者である審判クルーの4人だけ（1人はフィールド内で待機しています）。いわば現場に丸投げです。検証のための映像や人員を増やす、映像をさらに鮮明な画像にする、などハード面を充実し、改善させる責任は機構と球団側にあると私は思っています。

ボランタリージャッジと協議

二軍戦ではアマチュアの試合と同様、球場内に「機械の目」は存在しません。審判の判定は正しい、というスポーツ本来の原則の下に進行しますから、トラブルが多くなるのは必然です。対策として積極的に取り組んでいるのが、「ボランタリージャッジ」と「協議」です。

「ボランタリージャッジ」とは審判がお互いに助け合うジャッジのこと。例えば打者の足元に打球が当たったか否か。あるいは三振目の投球を捕手が完全捕球したか、ワンバウンドだったか、というようなプレーで球審が判断しかねた時に、塁審がサインを出し伝えるのです。フェア、ファウルなども当該審判員が即断しかねる場合には、遠方から他の審判員がアシストする。

このように審判団が連係してジャッジすればプレーは途切れることなく試合もスムーズに進行します。かつては当該審判員の判定への介入はタブーでしたが、今はこうして試合を仕切るチームワークが求められます。

また、一番近くにいたからこそ、全体像が見えずに判断を誤ることもあります。例えば守備妨害と走塁妨害などは紙一重ですし、あるいは野手の落球やボールデッド時の走者の位置など、個人の判断のみならず全審判員の判断を基準にした方がより説得力も増すものです。

もしも当該審判が疑念を抱いたら監督が抗議に出る前に制止し、すぐに審判団が集まりお互いの率直な意見を出し合い「協議」し最終判定を下す。現場で何よりも強いのは「正しい判定」、こうした方策でそれを見出す努力をし、円滑な試合進行に励んでいます。これはアマチュア野球の審判の方々にもすぐにできることだと思います。

「人間の目」が「機械の目」に勝る要素

さて、リプレイ検証の映像は各球場の大型スクリーンでも流されますし、判定を変更すれば当該審判は一時的には「機械の目」に負けたことを認めざるを得ません。スタンドのファンからのブーイングもあり、相当に厳しい状況に追い込まれます。

最新のテクノロジーを使い、長年の修業を積んだプロ審判の目でもとらえきれなかったクロスプレーをより正確に見極める。それを選手もファンも求めている、そんな時代になったということです。この流れにはもはや逆らえません。ならばこの機械の目を敵対視するのではなく、審判団の一員として共存共栄の道を探る、という発想の転換が必要です。

機械の目は実は定点からの平面映像しかとらえられません。奥行きを見るにはその横からの映像、あるいは上空からとか裏面からといった視点を変える必要性があります。その全てを確認するには今以上の設備投資が必要ですし、それにも限界があります。

だが、人間の目はどうか？　審判は瞬時に動けるし、目だけで判断しているのではないのです。その場の音があり、野手や走者の様子、さらにはファンの歓声や落胆、そういった球場にある情報の全てを取り入れ最終判定の資料としています。それらを頭の中で瞬間分析し結論を出す、これこそが人間が機械に勝る要素です。

審判の判定を固唾をのんで見守る

将棋界でも人間の棋力と人工知能（ＡＩ）がしのぎを削るような戦いをしていますが、

そのトップランナーに君臨する羽生善治永世名人や若手のホープ藤井聡太七段も、この将棋ソフトを活用し新たな戦術を探り勝負勘を磨いています。

瞬間映像を見る力ではいささか人間は不利かもしれませんが、それ以上に大切な総合判断力、いわば試合を仕切る力、ここにこそ人間の目を持った審判員の存在価値があるのです。その信頼はたった数度の判定変更などで揺らぐものではありません。

リクエスト制度のメリット

もちろんリクエスト制度のメリットもあります。選手もファンも正確な判定あればこそ結果に納得するものです。審判員だって「誤審」の十字架をいつまでも背負わされずに済みます。実際にどれだけ多くの審判員たちが今までにこの苦しみを味わってきたことか。もう監督が血相を変えて飛び出すこともなく、笑顔でベンチ前に四角のサインを出すだけです。

導入初年度の監督退場者数はゼロ、日本プロ野球史上初のことでした。それで皆が満足するならばそれも結構ですが、どこか釈然としないものが残るのです。そもそも野球とは人間のやるスポーツであり、見るのも人間の目なのではないだろうか、と。

例えばこんなプレーがありました。二塁への盗塁で、球場で見ている誰もが悠々とセーフだと思っているのに機械の目は走者の袖口にかすかに触れた野手のグラブを見逃さずに「アウト!」。あるいは走者がスライディング後に立った瞬間、わずかにベースから足が浮いたので「アウト!」。同点での最終回、本塁でのクロスプレーで憤死し、さぁ、延長戦だと盛り上がったけれど、セーフに変更されて歓喜の瞬間がないままサヨナラ勝ちの試合終了…。こういったシーンが数多く見られるようになりました。はたしてこんな野球がこれからもファンの支持を得られるのか、はなはだ疑問です。

機械の目は一時的には多くの審判員をも救います。でも、野球の人気を救うことになるでしょうか?　今の最新技術があれば、実はストライクゾーンだって完璧に機械判定が可能なのです。432ミリの本塁ベースの幅は世界共通で、打者の肩の上部とベルトの中間点、膝頭の下部、ここをセンサーで感知すれば高低も決まり、ストライクゾーンが確定できます。そこを通過するかしないか、それだけです。

実際にその動きが2019年から始まりました。かつて核弾道ミサイルの追跡機器として開発されたトラッキングシステムというものがあります。この機械を野球に応用すれば瞬時に投球の軌道やボールの回転数、変化率、その他にも打球の初速や飛び出し角度、野手の打球への反応速度や守備範囲などが瞬時に数値化され、明確となります。ＭＬＢでは全球団が導入し、ＮＰＢでも広島を除く11球団がファームも含めて導入しています。

ロボット審判

このトラッキングシステムを活用し、あらかじめ高低やコースが設定されたストライクゾーンを通過した投球を球審のイヤホンに瞬時に伝え、その指示に従って「ストライク」「ボール」とコールするシステムが、ついにＭＬＢと業務提携をしているアトランティック・リーグ（アメリカ独立リーグ）で採用されたのです。ここでは新ルールを採用する際、例えば申告敬遠や極端なシフトやワンポイントリリーフの禁止などを試験的に行う場となっています。

そこで初めて「ロボット審判」（略称は ABS：Automated Ball-Strike System）が登場しました。何よりも機械ですから一貫性があり、ぶれません。浮き上がるような快速球も、お辞儀をするようなチェンジアップも、とにかく定められたゾーンさえ通過すれば「ストライク」です。たとえすっぽ抜けたカーブのワンバウンドでもベースの先端を一瞬でもかすればストライク、アウトローへの渾身の160キロのストレートでも1インチ外れていればボール。投球の質は無関係です。

そして2019年末に海外からついに信じがたいニュースが飛び込んできました。なんと大リーグ機構と審判員協会（組合）がこのロボット審判の開発とテストに協力するという労使協定を結んだのです。あの誇り高き男たちが、最後の一線を超えてしまったのか…。ボール半個分の誤差をも認めぬ正確さを野球の神様は求めているでしょうか？　早ければ数年先にはその判定を受信するイヤホンを装着した球審の姿を見ることになるかもしれません。

こうなれば球審はスイングや死球、フェア、ファウルなどの判定に専念すればよいだけです。もはや本塁ベースは他の各塁と同じ扱いになります。このシステムが採用されればもちろんNPBもこの流れに追随するのは間違いないでしょう。

いずれはすべてのプレーを管理センターが100％正確に裁いてくれる…。一番恐れるのは、そんな環境下では人間の目よりも機械の目が信頼されてしまうということです。その結果、審判員がますます権威を失い、リスペクトされなくなるのではないか、という不安です。

審判員もどうせ機械の目には勝てるわけがない、我々は現場で一時的に仮のジャッジを下すだけの存在だ、というようにあきらめにも似た心境に陥り、技術の低下を招くのではないか。練習するのはアクションだけで十分。そして審判員が一番大切な判定への責任やプライドを失ってしまうなら、そんな審判員の裁く野球を私は観に行くつもりはありません。この流れを阻止することができるのはファンの声のみです。さて、「こんな野球は観たくない！」となるか、否か？

事実と真実の違い

かつてフロリダの審判学校に留学した時、開校1時間目の授業で校長のジム・エバンスさんから「尊敬される人間になれ」と言われました。「人間は神様ではないから、99点までしか取れない。最後の1点を補うのは監督や選手から信頼され、尊敬される人間性だ」と。それを信じ、時には布団をかぶってワンワン泣くほどの苦しみを味わいながらも、判定を伝えるこの右腕に責任とプライドを込め裁いてきました。そして審判技術指導員としても

8年間、若手審判にはその教えを説き続けてきました。これからもこの制度が存続するか否か、「最後の審判」を決めるのはファンでしょう。

正確無比な機械の目により審判の「誤審」が証明され、判定どころか勝利さえもが覆されることもありました。でもスポーツの現場における「事実」と「真実」は違います。スポーツにはルールがあり、それを守り審判の判定を尊重する、という大原則を否定するのが「リクエスト制度」です。現場で実際に起こった「事実」ではなく、各競技のルールやマナーの遵守、審判の判定に従うべきという「真実」を守ること、これこそが人間のやるスポーツなのではないでしょうか？

青空に響く球審のコール。皆が固唾をのむ瞬間に上がる塁審の右腕。あるいは土煙の中で開く両手のセーフ。次の瞬間の大歓声。猛然と抗議に走る監督の姿、毅然と受けて立つ審判員。お互いが男の意地をかけて怒鳴り合い、それでも納得せぬならば最後に「退場！」。それこそがプロ野球という人間臭い文化です。その最前線に立ち、試合をリードしていくのが我が審判人生の最大の喜びでした。球場での全ての判定が最終的には機械に委ねられ、審判は仮判定を下すだけの存在となってしまったなら…。私がプロ野球と決別する日が来ないことを切に願っています。

プロ野球界への提言

試合時間が長い

今でも野球観戦は最大の趣味ですから、毎日毎晩、観ています。朝はまずは衛星放送でMLB、そして都市対抗や甲子園への地区予選は炎天下の球場で雰囲気を満喫し、夜はプロ野球。在任中は「仕事」だったので、観るのはほとんどがプロ野球でしたが、今はプロアマの観戦比率は半々になりました。そこで強く感じるのは、「プロ野球って試合時間が長いなぁ」ということです。

2019年度のNPB全試合の9回平均試合時間は3時間16分。延長戦まで含めれば3時間21分です。ちなみにアマチュアの試合ですと、退任後は高校・大学・社会人と年間に数十試合も観ていますが、3時間を超える試合はほとんどなく、高校野球では1時間台という試合も珍しくはありません。

同じ競技で同じような投球数、むしろ失策や四死球はアマチュアの方が多いのに、なぜこうも違うのでしょう。やはり攻守交替や、投手の投球テンポ、サイン交換の長さなどに決定的な違いがあり、プロ野球はキビキビ感に著しく欠けています。試合が止まっている時間があまりにも長いのです。

事態を重く見たNPBは2015年に、スピードアップのためのゲームオペレーション委員会を発足させました。各球場のロッカールームにはそのための啓発ポスターも貼られています。ポスターには投手の15秒ルールの遵守（無走者時）や捕手のマウンドに行く回数の制限、打者はむやみに打席を外さない、攻守交代の全力疾走、むやみにタイムやボール交換の要求はしないなど、12項目が明記されています。

また、スピードアップ賞としてシーズン終了後には個人表彰もしていますが、現場ではまるで本気度が感じられません。これでもお客さんは十分に喜んでいる、実際に観客動員数は右肩上がりで上昇し続けているではないか（2019年度も2653万6962人と記録更新）、といったおごりがあるのではないでしょうか。

確かに数字さえ見ていれば、プロ野球界は隆盛を極め、右肩上がりのように見えます。しかしこの数字にはからくりがあります。実は各球団の営業努力によりファンクラブの会員や、熱狂的ファンが著しく増えているのです。その結果、熱心なリピーターが格段に増え、年間にその球団の試合を何十試合も観るという人たちが支えている数字なのです。

実際に球場へ足を運ぶプロ野球ファンはせいぜい500万人程度ではないか、という説もあります。だからかつてのようにプロ野球中継は全国的には視聴率を取れないし、野球人口の減少も著しいのです。この熱狂的ファンが1人離れる、ということは観客動員数が5〜10人減るという危険性をもはらんでいます。

あまり野球観戦が好きではない、という人たちはとにかく試合時間が長すぎる、と異口同音に述べます。1970年代の試合時間は2時間半前後で推移していたのに、80年代に入って3時間を超えるようになるとその後は長くなるばかり。ナイターですと21時前に終わる、という試合はほとんどありません。野球の醍醐味は終盤の攻防戦ですが、この一番面白い部分を全国ネットの地上波では放送時間内でファンにお見せできないのです。逆にお見せできないから、特定の球団ファンの視聴が多い地方局や衛星放送、CS放送局でしか放映されなくなったとも言えます。

球場に出かけた子供たちは試合終了まで見届けたなら深夜の帰宅になってしまいますから、やむなく試合途中で退散せざるをえません。サラリーマンだって観戦後に居酒屋で軽く一杯やりながらの感想戦も楽しめません。

ストライクゾーンの拡大

プロ野球とアマチュア野球とではなぜ試合時間が1時間近くも違うのでしょうか？　この問題を解決するために先述したゲーム・オペレーション委員会では毎年のように球団理事会、選手会、審判それぞれが妙案を出し合い、具体策を明示し改善しようと協議していますが、なかなか実を結びません。球団や選手会の考えるプランに言及することは僭越ですから、まずは審判ができることのみに焦点を絞ってみます。

よく聞かれるのがストライクゾーンを広げたらいいじゃないかという提案です。実際、私の現役時代には大きな改革が2度ありました。1986年には低めを、2002年には高めをボール1個分広げるという新ストライクゾーンが適用されました。実際この年は前年比で9分（1986年・2時間55分）、7分（2002年・3時間8分）と短縮されましたから一定の効果はあると見てよいでしょう。

でも、現場では大きな戸惑いがありました。そのうえ数年後にはそのゾーンに選手も適応するようになるので元の木阿弥、というのが実情でした。ルールの問題ですから審判部独自の判断で勝手にゾーンを変えることもできません。

しかし、現状でもできることはあります。それはストライクを正確に判定する、ということです。もちろん人間の判断ですから時にはミスもあります。ボールをストライクとコールしてしまう場合もあるでしょう。でも、その逆だけはしないように、と全審判員が心がけることです。言葉は悪いが「ストライクを殺さない」、これを実行できれば必然的にゾーンは広がったように感じられるはずです。すると打者は追い込まれる前に打つようになり、試合のテンポがよくなります。

ちなみに2017年の両リーグ打率ベスト10の好打者のデータですが、ファーストストライクを打てば打率は.363、しかし0―2に追い込まれれば.172にまで下がってしまうのです。積極的に打つことがいかに大切かを物語っています。

このようにきちんとストライクを判定できる審判員を高く評価する。これはNPB審判部の指導方針として確立されています。例えば日本

好打者はストライクを見逃さない

シリーズに出場する審判員はこの点では秀逸です。今後も現役審判全員が勇気を持ってストライクとコールすることを強く望んでいます。

ただ、ストライクゾーンを広くすることが本当にそれほどの即効性があるかといえば、そうではないという見方もあるのです。MLBでは逆にストライクゾーンを狭くしよう、という動きもあります。「えっ、どうして？」と思いませんか？　ここが日本の野球とアメリカのベースボールの違いなのです。

先述したように日本では過去に2度のストライクゾーンの拡大で、一定の成果を出しました。ところが精密なコントロールを持った日本人投手だと、ますます安打を打たれにくいコースぎりぎりを狙うようになります。打者もそこを見極めるようになり、結局は根本的解決策とはなりませんでした。要は打たれない守りを重視するのが、「日本の野球」だからです。

ところが打っていく攻めを重視する「アメリカのベースボール」だと、ストライクゾーンを狭くすれば投手は甘いコースに投げざるを得ない。すると打者はもっと積極的に打つ、と考えるのです。打つからボールが飛び、野手はそれを捕って投げ、走者との競争が始まり試合がスピーディーになるというわけです。

スピードアップのために審判員ができること

もう一点は審判員自身がハッスルし、試合を盛り上げることです。公認野球規則の「審判員に対する一般指示」の項にはこう記されています。「試合を停滞させてはならない。試合は、しばしば審判員の活気ある真剣な運びによって、より以上の効果をもたらすものである」。

現役時代は常にフィールドの中にいて、審判目線で試合を見ていました。指導員になってからはスタンドでノートを開き、審判員そのものを見る日々でしたが、ある意味ではファン目線でも試合を見ていたのです。すると判定の明確さとかアクションの大きさ、姿勢の良さなどが、いかに大切かということを知るようになりました。空気を切り裂くような気合のこもったコール、打球を追う俊敏な足、カバーリングに入る無駄のない動き、誰をも納得させるクロスプレーでの毅然たるジャッジ、これらが活性剤となって試合がスピードアップする、そう確信しました。最も簡単ゆえに難しいことでもあります。

投げる勇気と打つ勇気

数年前、某球団の投手コーチに「なぜこんなにもプロは投球テンポが悪いの?」と聞いたことがあります。彼曰く「投げる勇気がないんですよ」。打者の打ち気をそらそう、ボール球で勝負しよう、慎重に投げよう、そう思うあまり、肝心の打者に向かっていく気持ちが薄らぐから間合いが悪くなるのだと。

過去には江川卓投手(巨人)や上原浩治投手(巨人―オリオールズ他)、あるいはダルビッシュ有投手などが先発する試合は、試合時間が短いことで知られていました。テンポよく投げる勇気は好投手の条件の一つでしょう。最近の投手は追い込んでも打たれるリスクに怯え、ストライクゾーンで勝負しない傾向が顕著です。

せっかく0―2と追い込みながら、ボールを見極められ3―2となり四球、あるいは四球を恐れ、甘いコースに投げて痛打、という場面が目立ちます。これでは投球数も増えるばかりで、結局は自分の首を絞めるだけ。スカッと3球三振など本当に少なくなりましたね。

ストライクとは球審が打者に対して「なぜ打たないのだ? 打て!」という命令の言葉

です。だから今でも大きく、力強くコールします。投手同様、打者にも「打つ勇気」が求められるのではないでしょうか。球審が1回も「ストライク！」とコールしない試合、一度くらいやってみたいものでした。

もちろんプロ野球が最高峰のスピード、パワー、テクニックを見せてくれるのは事実ですが、それが連続してこそさらに見応えのある試合となります。ここ一番の息をのむような場面で、打者の打ち気をそらそうとプレートを外したり、無駄な牽制球を投げたりする投手。毎球、打席を外し素振りする打者。打席前に出て大袈裟にサインを出す捕手。まだ権利が残っているからとダメもとでリクエストをする監督。こんなつまらぬ時間を取り除けば、2時間半で十分に楽しめるのが野球というスポーツです。

補欠の経験

彼を初めて見たのはルーキーの年の春野キャンプ（高知県）。いわゆる懐の深い、押し込むような打撃で右にも左にも柵越えを連発し、度肝を抜かれました。もちろん1年目から即レギュラーで31本塁打、打率は·３０４。この男は間違いなく王貞治さんの８６８本の本塁打数を抜き、三冠王にもなると確信しました。が、獲ったタイトルはこの年の新人王だけ。あのあふれんばかりの才能からして、あえて言うならたった525本塁打、通算打率も・272で終わってしまいました。

それでも勝負強い打撃は特筆もので、多くのファンに愛されました。特に90年代の野茂英雄との勝負は「対戦」ではなく「斬り合い」でした。お互いの負けてたまるかという火花が18・44メートル間で飛び散り、これこそがプロ野球なのだとマスク越しに背筋が凍ったものです。どこで道に迷ってしまったのか、どこへ戻ればよいのか、清原和博…。

自分がONに憧れ野球に夢中になったように、清原選手に憧れて野球を始めた球児も多いはずです。もちろん社会的な罪も大きいが、そんな夢を壊したこと、これが一番悲しいのです。プロ野球界はその前年にも賭博問題で世間を騒がせました。なぜこんな事件が頻発するのでしょう?

問題の根底には、共通する特殊事情があると思います。プロ野球選手になるくらいですから、おそらく幼少の頃から地域では抜群の能力を発揮していたでしょう。中学から高校、大学を通じて補欠経験など皆無のはずです。その実力でチームを勝利に導いてくれるのですから、指導者も他の部員も一目置きます。当然ですが、エリート意識も生まれます。自分はことに野球に関しては特別な存在なのだ、と。そこに落とし穴があります。

その「特別」は野球を辞めてしまえば剥奪されるからです。その自覚を持てず、きっちりと引退に向き合えなければいつまでも過去の栄光に引きずられてしまいます。現役の時もしかり。同世代が勉学に励み、あるいは額に汗して働いている時に、野球がうまいというだけで桁違いの高給を貰い、周囲からちやほやされ、タダ飯を食べタダ酒を飲んでしまえば、人生こんなものだと勘違いし、それが一生続くと思ってしまうのかもしれません。

自分の野球人生の中で誇れるのは「補欠」だったことです。高校では部員が6人しかいないような野球部でしたから、3年間の全試合全イニングに出してもらえました。ところが、大学ではその高々とした鼻っ柱を見事に叩き折られたのです。リーグ戦中はベンチにも入れずにスコアボードでの得点入れ、ネット裏でのスコア記入、応援席での観戦。当初は屈辱にも感じました。

野球のエリートが集まる甲子園

しかし、2年生になる頃にようやくわかってきました。レギュラーという花には葉も茎もあり、それを支える根が土の中に張っていて、水も太陽も必要なこと。どれが欠けてもきれいな花は咲きません。効率的な良い練習のためには打撃投手が必要で、受けるばかりのブルペン捕手が必要で、最後には皆でグラウンドに感謝を込めて整備をするのが当たり前なのです。強いチームの日々の練習はこんなに多くの補欠が支えられているのだと。

実社会においても実は9割以上の名もなき人々の地道な仕事で動いています。取締役だ、社長だ、そんな立派な肩書を持った人たちにも補欠の時代はあったのです。それを知り、ますます野球が好きになりました。補欠の経験は人生の必修科目だと思いました。

かつては甲子園や神宮でスターだった選手たちもいつかはユニホームを脱ぐ日を迎えます。「引退」という言葉が使えるのはほんの一握り、実はほとんどの選手が「クビ」になります。

そもそもプロ野球界には年間に100人ほどしか入れませんし、全員が一軍レギュラーになれるわけがありません。時の運・不運もあるし、理不尽さにも満ちている不平等の世界です。努力は報われる、とは信じ難いでしょう。でも、野球界での成功者にはなれなくとも、人生の成功者になれる道がここから始まります。

幼少の頃から鍛え上げた肉体、技術習得のために流した汗と創意工夫の力、状況を機敏に見抜く感性、それらを生かす道はたくさんあります。現役の時以上に輝いている元プロ野球選手を私は数多く知っています。彼らに共通するのはつまらぬ未練やプライドをきっぱりと断ち切っていること。そしてもう一度、「補欠」から人生に挑む覚悟があることです。

野球の底力

「これからも応援よろしくお願いします…とは僕は絶対に言いません」。イチローはかつてヤンキースからマーリンズへの移籍時の入団会見でこう語りました。そして「応援してもらえるような選手であるために、やらなければならないことだけは絶対に続けていくことを約束します」と結びました。「選手」を「人」と置き換えるならば、私も全く同感です。応援はお願いするものじゃありません。ひたむきに必死に闘う姿、生きる姿への自然発生的な共感が応援を呼び起こすのです。ここをしっかりと理解すればおのずと日頃の練習やプレー、生き方に反映されるのではないでしょうか。ずいぶん説教くさい書き出しになってしまいましたが、昨今のスポーツ界をめぐる諸問題の根底にはこの点の絶対的な認識不足があると感じています。

前段では野球エリートに欠ける補欠経験のことを書きました。補欠どころかベンチにも入れずに地団駄踏むような思いをしている時が、実は人生では一番大切な時間なのだと。それと同様に実は野球で飯が食えるということは、野球を愛する補欠のようなファンの存在なくしてはありえないのです。

選手たちの高額の年俸は球団が媒介しているだけで、その原資を拠出しているのはファンそのもの、つまり実質的なＮＰＢのオーナーは野球ファンともいえます。その存在と彼らへの感謝をないがしろにすれば、いつかは当然のしっぺ返しを食らうものです。

プロスポーツはすべて興行ですから一番こたえるのはファンがいなくなることです。過去に大相撲では八百長問題で揺れた時に本場所そのものが中止になりました。Ｊリーグでもサポーターの過激な人種差別の横断幕が掲げられた時に、無観客試合の処分が科せられました。

プロ野球界でも１９６９年から１９７１年にかけて次々と発覚した「黒い霧事件」という忌まわしい過去がありました。多くの選手が永久追放となり、一時はパ・リーグ存続の危機ともなったのです。「喉元すぎれば熱さ忘れる」では、個人的な不祥事として片付けられ繰り返されてしまいます。そうさせないためにもファンはもっともっと厳しい目を向けてもらいたいと思うのです。

温かい声援は励みにもなります。ファインプレーや逆転打、豪速球での奪三振に沸き起こるスタンドからの大歓声は、現場にいる審判員も身震いするほどにうれしいものです。こうして野球人気は支えられているのだと実感する時です。でもそれが当たり前だと思ってはなりません。

観る立場になれば、例えば家族4人でワクワクする気持ちで球場へ駆けつけ、4人分の入場料を支払いビールやジュースを飲んでお弁当を食べ、選手のグッズなどもお土産に買い…となった時の出費はいかばかりになるか。1万円の重みをファンは誰よりもよく知っています。この積み重ねが選手たちの年

ファンに支えられるプロ野球

棒とプロ野球界を支えているのです。

２０１５年秋から２０１６年春にかけて、またも球界を騒がせる事件が発覚しました。現役選手による野球賭博行為、そして日常茶飯事で行われていた選手間での金銭授受問題です。もちろん野球賭博と試合前の声出しのご祝儀やロッカールームでのトランプゲームなどを同列で論じるつもりはありません。

前者は絶対悪であり、後者は仲間内でのお遊び程度だという認識だったのでしょう。でも、どこか本質的な部分でつながりがあるように思えてなりません。少なくともユニホームを着ている時に本業の野球以外のことは考えて欲しくない、とファンは願っているはずです。

大部分の選手は真摯に野球に取り組んでおり、はなはだ迷惑に思っているかもしれませんが一事が万事という言葉もあります。少なくとも球界の仲間の起こした不祥事で、全体が金銭にだらしのないダーティーなイメージを持たれたことは否定できません。事件当時の熊崎勝彦コミッショナーは全容解明と再発防止に全力で取り組みましたが、選手会が当事者意識を持つならば選手たちの自浄能力に何よりも期待します。

かつて２００４年の球界再編問題や２０１１年の東日本大震災の時に選手たちが見せて

くれた「野球の底力」、そのパワーと自覚ある行動でこういった一連の不祥事を終息させてもらいたい。それこそが最もファンの納得する解決策ではないでしょうか。

「努力する才能」

毎年、育成審判員として数人の若者をＮＰＢ審判部に迎え入れます。二軍公式戦が開幕し1カ月も経てば、彼らも少しはプロの雰囲気に慣れてくるでしょう。彼らは研修審判員として独立リーグで腕を磨いてきましたから、相応の実力はあるはずです。ずっと順風満帆にいけばいいのですが、必ずや壁はあるもの。得意満面の日もあれば、失意のどん底で布団をかぶって泣く日もある、その繰り返しがプロ審判員の世界です。

定年（55歳）まで全うすれば、おそらく一・二軍合わせて3～4０００試合くらいは裁くことになります。その第一歩を踏み出した春季教育リーグでのデビュー戦後に彼らに贈る言葉は毎年、同じです。「とにかく毎日、練習しなさい」。彼らもプロ、何度も言うのは失礼ですから一度しか言いません。基本的な技術を身に付けるには圧倒的な「量」が必要です。「質」を求めるのはまだ10年も先のこと。練習をルーティンワークとして愚直にやり続ければ必ずや結果は伴いますし、やらなければ淘汰されるのがこの世界です。才能は有限ですが、努力は無限。凡人が才能の差を埋めるためには練習しかありません。

ただひと口に「才能」と言っても、才能には2種類あります。一つは「肉体の才能」。端的に言うなら体格や運動能力、野球センスといった類です。これは多分に先天的な要素が大きく、この能力が秀でた者のみがまずはプロ野球選手になれます。

もう一つは自分自身を継続的に律することのできる粘りや、限界までとことん追い込むことのできる精神的な強さ、いわば「努力する才能」です。これは後天的に得ることのできるもの。「肉体の才能」と「努力する才能」の両者を兼ね備えた者だけがプロ野球界で「超一流」となります。

前者が抜群でも、後者が欠けていたため不本意な成績しか残せなかった選手を数多く見てきました。逆に「肉体の才能」が劣ろうとも、「努力する才能」で「一流」の世界に踏み入ることのできた選手もいるのです。その一人が2010年にくも膜下出血で急逝した木村拓也選手（享年37、日本ハム—広島—巨人）でした。

木村選手の高校時代（宮崎南高）の恩師が私の親友というつながりで入団当時から注目していたのですが、初めて会った時には正直言ってがっかりしました。身長は173センチ、体重も70キロ足らず。ドラフト外のテスト生で支配下選手枠にも入れず二軍の試合にすら出られなかったのです。おそらく「肉体の才能」ならば、その年の最低レベルだったかもしれません。

彼自身もそのことは十分にわかっていました。この世界で生き抜くためには生半可な練習じゃダメだと。そこで捕手で入団したものの、俊足を生かすために内外野すべてを守りスイッチヒッターにも取り組んだのです。

まずは守備固めに使ってもらうための守備力を磨きます。本塁打を量産できるタイプではありませんから、チーム打撃に徹しました。8つのポジションと両打席、これらを全て一軍レベルにするために必要な練習量がどれほどだったかは想像に難くありません。

毎日流した汗と泥だらけのユニホームが如実に語っていたはずです。その結果、プロで19年、一軍で1500試合以上に出場し1000本安打も達成しました。入団時にこの数字を予想した関係者は誰もいなかったでしょう。彼自身の力で、「努力する才能」でなりうる最高峰の選手に達したのです。

審判界でも抜群の動体視力や状況判断の的確さ、いわゆる審判センスにあふれる者もいます。実際に私もそんな何人かの先輩や後輩たちを羨ましくも思いました。でも、若手の審判員たち、そして選手たちに言いたいのはたとえ素質が月並みでも悲観することはないということです。「努力する才能」を磨けば、必ずや飯は食えるのです。

「練習は仕事、レース（試合）は集金」と言ったのは競輪界のスーパースターだった滝澤正光さん。彼は現在、日本競輪学校（現日本競輪選手養成所）の校長をしているのですが、在校時の成績は同期100余人の中70番台でした。卒業後の猛練習での上がり、生涯獲得賞金18億円を得た男です。

日本競輪学校の滝澤正光校長と

私は苦しく厳しい練習の結果がお金という単純明快なプロの論理が好きです。お金を目的にすれば卑しくなります。品格のないプレーが生まれます。でも、お金は努力の結果だと気づけば、技術向上のための練習は楽しみとなり、生きがいともなります。新たに野球界に入った若者たちは、10年後にきっとこの言葉の重みを知るでしょう。全ての野球人にささげたい言葉です。

アマチュア球界への提言

勝利至上主義の弊害

この10年で大学野球の部員数は1・5倍近くになり、プロ野球の観客動員数も500万人以上の伸びを見せています。甲子園での高校野球も過熱、とさえいえるほどの盛り上がりです。まさに野球は国民的娯楽であり、野球界は隆盛のように思えますが、その一方で球界関係者はプロアマ問わずに相当の危機感を抱いています。この人気ぶりがいつまで続くのかと…。

その一番の要因は野球の競技人口の著しい減少です。少子化でそれもやむなし、というレベルではありません。例えば中学生男子はこの10年で8％ほどの人口減ですが、中体連に所属する野球部員（軟式）は半数近くに減っているのです。その下の小学生の野球人口もしかりです。減少率は他のサッカーやバスケット、テニスなどの競技に比べても顕著です。子供たちの野球への関心が薄れる原因はどこにあるのでしょうか。

自分が野球好きになった原点を振り返ってみます。時代は「巨人・大鵬・卵焼き」と呼ばれた頃。昭和30年代生まれの子供にとって遊びと言えばまず野球と相撲でした。学校が終われば近所の広場やお寺の境内などでゴムボールを竹のバットでひっぱたくという遊びに熱中しました。人数が足りなければ三角ベースでやればいいし、時間も忘れ延々と楽しむ牧歌的なものでした。もちろん見ているだけの補欠などいない全員参加で、大人や上級生から少しは合理的な投げ方や打ち方を、あるいはルールなど教えてもらい、その面白さにはまっていったのです。

しかるに今の子供たちはどうか？　危険につき野球禁止の広場や公園ばかりです。放課後ランドセルを玄関先に放り投げて、遊びに出かけるという子供たちもめっきり減りました。野球をするのなら、きちんとしたチームに入り、ユニホームから用具一式をそろえ、「遊び」ではなく「競技」として取り組む、という時代になったのです。

「競技」なので、「技術指導」がメインです。チームとして勝利を目指すのは当然です。その結果うまい子は出場機会に恵まれ、楽しい思いや悔しい思いもできますが、そうではない万年補欠の子も多くなるでしょう。我が子がずっとベンチに座り続ける姿を見る親の不憫さも理解できます。

勝利のために補欠に甘んじる。チームのために裏方で頑張る。それもまた団体競技の素晴らしさですが、プレーの楽しさを知る以前の子供にとっては苛烈な体験でしかありません。まずは皆が平等の遊びから、という発想は「勝利至上主義」の野球には受け入れられないのです。

そのため最近は高校野球でも格差が広がっています。かたや部員が100人を超える、あるいは選りすぐりのエリート選手のみを入部させる強豪校がある一方で、部員が9人に満たずに統合チームで参戦せざるをえない、あるいはやむなく廃部となるケースも目立ってきています。これは決して健全な状態ではないでしょう。皆が皆、プロ野球選手を目指しているのではないですから。

野球の本質

私の大好きな映画「がんばれ！　ベアーズ」のラストシーンを思い出します。元マイナーリーガーだった酔いどれ中年男が、少年野球チームのオーナーから「強いチームに育ててくれ」と要請を受けます。そこで剛速球を投げ込む女の子のエースと運動神経抜群の不良少年をチームの主軸としました。

するとと以後は連戦連勝。しかしチーム内には不協和音が生まれ「楽しさ」が失われていきます。それに気づいた監督は勝利を決する最後の場面に万年補欠だった子を守備に送り出しました。「僕が出たら負けちゃうよ」とひるむ子供の肩に手を当て「お前はずっとベンチに座るために生まれてきたんじゃないだろ？」

結果はあえて書きません。でも、ラストシーンでの弾けるような喜びに満ちたベアーズの選手たちの笑顔。これこそが野球の本質だと私に教えてくれました。

それでも補欠に甘んじなければならない子供もいます。レベルが上がれば上がるほど実力格差も開きます。高校野球では3年間頑張っても一度も公式戦に出場することなく、それ以前にベンチ入りさえもできない選手だっているのです。

数年前の夏のこと。千葉大会のとある試合を観に行きました。その帰りがけ、つい先ほどコールド負けをしたチームが球場の脇で最後のミーティングをしていたのです。ふと足が立ち止まりました。皆が車座になり、3年生が一人ずつこの3年間で何を学んだか、あるいは仲間や監督、両親への感謝の思いなどを涙ながらに述べています。そして最後に立ったのがベンチ入りできなかった、たった一人の背番号のない3年生でした。

「僕は…、今日、スタンドで…仲間たちへ心からの応援を送ることができました。言葉は悪いけど…、僕はただの雑用係じゃなかったと思えました。このチームの一員であり続けたことが…、これからの僕の誇りです」

心の底から絞り出したような、シンプルな言葉でしたが、彼の思いは誰よりも強く皆の心に伝わったようです。明日から始まる新チームにも「雑用係」などいない。ユニホームを着ている選手は皆が「戦力」なんだ。そんなメッセージにあふれた最後のミーティングでした。

「そう、これが高校野球なんだよ」と木陰でもらい泣きしたのは言うまでもありません。「甲子園の優勝投手と同じだけの価値あるものを君は得たじゃないか」。そう肩を抱いてやりたい思いでいっぱいでした。今も毎夏、そんな球児たちの応援に行っています。

フェアプレーの精神

根っからの野球好きですから、ジョギング中でも少年野球などをやっているとつい立ち止まって見入ってしまいます。野球小僧たちが未熟ながらも一心不乱にボールを追いかける姿は見ているだけで楽しいものです。

それでも時折、嫌な気分になることがあります。例えば20点も差がついているのに、練習のためにバントをしたり、走り放題の盗塁をしたり、あるいは相手をあざ笑うかのような野次を飛ばしたりするチームを見かけた時です。

もちろん試合に勝つことは素晴らしいけれど、負ける相手だって一生懸命に練習をし、試合に挑んでいるのです。そんな敗者に対する思いやりや尊敬を学ぶことも大切です。

もう一点、気になるのは捕手が審判をだまそうとミットを動かしたり、三振だと決めつけて立ち上がったり、あるいは一塁コーチャーが何でも「セーフ！」と手を広げたりすること。この行為は海外では「ショーアップ」（SHOW UP）と呼ばれ、審判に対する最大の侮辱行為です。

プレーするのは選手ですが、ジャッジするのは審判。審判を騙そうとしたり、自己判断で勝手に判定したりするのは、審判の存在を否定するか、あるいは不満を示そうとしているかのように見えます。

こういった行為は実はルールでは禁止されていません。公認野球規則には「してはならないこと」は書いてありますす。一方で、「すべきではないこと」は書いてないのです。つまり試合のマナーやフェアプレーについてはチームに任されています。でもそれはアンリトン・ルール（野球の不文律）として、楽しく正しい野球をするためにはプレーヤーは絶対に守らなければなりません。

これを守らないとどうなるか？　サイン盗みや、トリックプレーなどの横行する騙し合いの汚い野球になってしまいます。ベースボールには古い歴史に支えられた伝統があり、そんなプレーの存在は認められていませんから、マナーを守らないものには容赦のない罰が現場で与えられます。

例えば大量得点差から盗塁などしようものなら、観客席からの大ブーイングを浴び、選手は恥をかきます。サイン盗みを疑われたなら、次打席でのブラッシュボール（体近辺への投球）を覚悟しなければなりません。こうして警告が与えられ、ベースボールの秩序が保たれているのです。

確かに野球は頭を使い、相手の隙を突く

学生野球でのジャッジ

スポーツですが、その根底にあるべきフェアプレーの精神が、昨今おろそかになっているような気がします。「勝利至上主義」というものがまかり通り、勝つためならば何でもありになっていませんか？　するとマナーが守られなくなり、試合後のさわやかさが失われます。お互いに相手への敬意を持ち正々堂々と勝つこと、潔く負けること。そこに等しく価値がある、と思います。

長らくプロ野球の世界にいながら、ずいぶん甘い考え方だなぁと思われる指導者もいるかもしれません。でも、「勝てば官軍」という言葉は特にアマチュアの野球にはあってならないものだと思います。そんな環境で育った選手は、いざ野球を辞めた時に結果のみにしか目を向けず、そのための努力に価値を見いだせないでしょう。

正しい努力は必ず報われる、たとえ限られた時間内や大会期間中に報われずとも、その後の別のステージで必ずや「人間的成長」という果実を与えられ、報われる。それが一つのスポーツに打ち込むことの最大の魅力ではないでしょうか。

単に野球がうまいだけなら世代を超えて愛される選手にはなれません。過去にスーパースターと呼ばれた選手は卓越したプレーのみならず、高い人間性も評価されているのです。数字や結果だけでは測れない野球のあるべき姿。それを教えるのが指導者の最大の務めです。そしてその規範となるのがプロ野球選手であって欲しい、そう願っています。

サイン盗み

「フェアプレー」という概念について何点かの具体例を示します。数年前の春の選抜で、ある高校のサイン盗み疑惑と試合後の混乱がありました。敗れた高校の監督が、その真偽を問うために相手校の監督への抗議に出かけたのです。

高野連の審判員ユニホームの胸には、「F」と書かれたマークが貼られています。これが意味するものは「Federation（連盟）」「Friendship」（友情）「Fight」（闘志）、そして「Fair Play」（正々堂々）。この4番目の「F」こそが、野球は教育の現場である、という高野連の最も求めるところです。ましてや甲子園は各地区の代表が集う場。全ての試合が模範試合となるべきだ、と規律に乱れのあるチームを一喝したベテラン審判員もいたそうです。

以前は、サイン盗みは戦術の一つとして公然と認められていましたが、1999年以降は禁止条項として通達されています。プロもそうです。なぜか？　それはカンニングだからです。即効性はあるかもしれませんが、自分で配球を読み判断するのとは大きな違いがあるのです。危険性も伴います。例えば外角のサインを信じ込んで踏み込んでいったところ、投げ損じの内角球がきたなら当然、バッターは避けられません。長い目で見れば選手としての成長も妨げます。

現場の審判員が目を光らせて取り締まれ、という声もありますが、それは酷な話。判定に対する集中力の欠如を招いてしまいます。そんな状況下で不審な動きに疑惑を持ち、お互いが疑心暗鬼のままに戦いを終えれば、さわやかに握手することができるでしょうか?

私が忌み嫌う言葉は「勝てば官軍」「ばれなきゃいい」、好きな言葉は「お天道様は見ているよ」。誰に恥じることもなく、チームの勝利に誇りを持つためにも、それが疑われるような行為にはことさらに注意してもらいたいものです。「疑わしきは罰せず」の原則は、そういった不正はしないという絶対的信頼によって支えられています。ルールブックの冒頭には「勝つことを目的とする」(1・05)と書いてありますが、その前段には「正々堂々と」という暗黙の条文があるのです。

カット打法

「フェアプレー」を考える具体例をもう一つ。数年前の夏の甲子園で、意識的にファウルばかりを打ち、投手の疲弊を誘う「カット打法」が話題になりました。打ちに行く瞬間に、これはヒットにするのが難しいコースのボールだと判断して、ヘッドを返さずにファウルにする高等技術はあります。このテクニックは例えば過去には落合博満さん（ロッテ―中日他）やイチロー、井端弘和選手（中日―巨人）らが身につけていました。しかし、最初から打つ気もなくファウルにするだけならば、バットを斜めに出せば良いだけ。その後に手首を返せばそれなりのスイングに見えないこともありません。

「カット打法」の禁止は高野連内規の17項にも明記されています。なぜ禁止なのかといえば、バットはヒットを打つためのものであり、野球の本質からずれているからです。フェアプレーではないからです。遅延行為にもつながります。実際に皆がこの打法を真似したら試合時間はどれだけ長くなることやら…。

この点については、すでに全国のチームすべてに通達済みでした。「知らなかった」では済まされません。あの大会の準々決勝ではあまりにもひどかったので、異例ではありますが、現場での注意となったのです。ここできちんと歯止めをしておかないと、準決勝、決勝がフェアな試合にならないという審判団の判断は立派でした。監督やコーチはなぜヒットを打つための正しい努力をするように導かなかったのか。改めて指導者の責任の重さを感じます。

故意落球

数年前、大学野球の試合ではこんなプレーもありました。無死一・二塁からの浅い外野飛球を、外野手が故意落球し、併殺を企てたのです。外野手からの返球をまずは塁上にいた二塁走者にタッグし、その後に二塁を踏めば一塁走者もアウトになります。しかし、審判は故意落球ではなく、完全捕球後の落球と判定し併殺を認めませんでした。

やや複雑な状況ですが、要はルールの盲点を突いたトリックプレーです。併殺狙いのための故意落球は内野手だけにしか適用されないからです。だからこれは正当な高等戦術だと監督は猛抗議をしました。そのための練習もしてきたのだと。この野球観を支持するか、しないか?

ルールに抵触しないならば何でもあり、それが勝つための最善策と思うならば「あっぱれ！」でしょう。しかしルールの根底にあるスポーツマンとしてのモラルを重視するならばやってはならぬプレーです。こんな想定外のずるいプレーの積み重ねで、今や野球のルールブックは230ページにもなりました。これはフェアプレーを否定した恥ずべき歴史の結果であり、負の遺産なのです。

ちなみに日本での野球創成期の頃の教育者・中馬庚（ちゅうまんかのえ）さんは、「Ball in the field」という言葉を「野球」と訳したことで有名。ルールにも精通していたのですが、アメリカでこういった故意的な併殺をさせないために「インフィールドフライ」の条項ができた時、「我が国の野球人はこういったずるいプレーをするわけがないので不要だ」と述べた硬骨漢で、後に野球殿堂入りもしています。さぞや草葉の陰で嘆いていることでしょう。

敗者への思いやり

いつの頃からか、甲子園や、あるいはその地区での優勝を決めた瞬間に全選手がマウンド付近に駆け寄るようになりました。大きく人差し指で天を差し「俺たちが一番だ！」と誇示します。努力が報われ、喜びを爆発させたいのも無理からぬことでしょう。一方で、その片隅には泣き崩れる相手チームが見えます。

そんな中、あるチームだけは甲子園への出場を決めた勝利の瞬間後もすぐに整列をし、まずは粛々と礼。そして相手チームと握手をし、お互いの健闘を讃えあったのです。28年ぶりの夏の甲子園、うれしくないはずがありませんが、仲間たちと喜びを分かち合ったのはスタンドの応援団の前に行ってからでした。その規律ある行動はフェアプレーの美しさに満ちあふれていました。キャプテン曰く「普段から、相手に敬意を払えるチームでありたいと思っています」と。

戦う相手への敬意と、敗者への思いやり。なかなか実践できるものではありません。特に勝負が決した瞬間などは自分たちの喜びを最優先させたいものですが、それをきちんとコントロールできるチームなのです。鳥取県代表の米子東高校、忘れられないシーンでした。

また、数年前の関東大会でのこと。好成績を収めれば春の選抜出場が濃厚になりますから、各チームとも気合が入ります。そんな緊迫した試合の最終回に、逆転満塁サヨナラ本塁打が飛び出しました。大喜びの選手たちはいっせいにベンチを飛び出し本塁付近で抱き合い、もみくちゃ。誰が走者かもわからぬ状態です。その後、相手側チームから走者の追い越しがあったのではないか、あるいは走塁の肉体的援助があったのではないかとのアピールがあり、混乱の極みとなりました。

問題は二つあります。一つは勝った喜びを精いっぱいに表現するのも若者らしいのですが、敗れた相手への思いやりに欠けているのではないか、ということ。これはマナーです。もう一つは実際に追い越しがあれば、その時点で追い越した走者のアウトが確定し、状況により得点が変わります。さらにインプレー中の走者にプレイヤー以外が触れることはルールに抵触します。審判団は試合後、教育的配慮から勝ったチームに注意するにとどめましたが、喜びを制御し、行動をコントロールすることも大切です。

全力疾走

プロ野球でこんなプレーがありました。1点リードされたチームが1死満塁から大きな外野飛球を放ち、三塁走者はタッグアップして生還。これで同点だと思いきや、球審は両手を振り無得点とコール。三塁への進塁を試みた二塁走者が、この生還よりも前に第3アウトになっていたからです。これは得点のからむタイムプレーと呼ばれるもので、実は年に何度もあります。ただ、クロスプレーになるのはまれですし、三塁走者も本塁に送球されないのを察知したからか全力疾走を怠っていました。

「万に一つ」という言葉がありますが、実は野球ではせいぜい「百に一つ」くらいの割合で起こります。どんな名手と呼ばれる選手でもその守備率は99％ほどですから、年間にいくつかのエラーを必ずや犯します。エラーにならずともファンブルしたり、ボールを握り直したりすればセーフになることも度々あるのです。もちろん全力で走っていれば、の話ですが。

要は当たり前のことを当たり前にやる、こんな凡事を徹底できないと最後の1点に泣く、ということれは典型例でした。

キャプテンの涙

2019年夏に韓国で行われたU18のワールドカップで、またも日本チームは優勝できませんでした。痛々しく切なかったのは、大会終了後、代表キャプテンが「日の丸を背負っていたのに、その期待に応えられず申し訳ありませんでした」と涙ながらに語った姿でした。

一生懸命にプレーをしたうえで、その結果のエラーや三振、そして敗戦は何ら恥じることではありません。特に実力が伯仲すれば、勝負は紙一重で、運不運や、天候さえもが左右するもの。もちろん国の代表であるという誇りは大切ですし、それにふさわしい品格あるプレーは求められますが、勝ちだけを求めているのはごく一部の者だけです。多くの野球人は、この舞台で学んだことを次につなげてもらいたいと願っているのです。

ここで戦った20人はおそらく全員がさらなる上のステージで野球を続けるでしょう。あのグラウンドで、同世代と交流し、肌で感じた世界の野球のレベルやプレースタイルを学び、持ち帰るのが使命です。それこそが「国際試合」に出場することの意味合いだと思います。

「お国のために」とプレーすれば野球のユニホームは特攻服に見え、球場は戦場になります。ミスをしてはならぬとプレッシャーもかかり、萎縮もします。目もつり上がり、楽しいはずがない。球審が試合前に高らかに「プレイボール！」とコールするのは「勝て！」

の意味ではなく、「さぁ、ボールで遊ぼう！」です。次回大会では、存分に遊んでください。勝利の女神はしかめっ面よりも、明るい笑顔の球児が好きですよ。

変わらないもの

ＮＰＢ退任後に、母校である新潟県立高田高校野球部（上越市）のＯＢ総会に出席した時のこと。総会前には母校グラウンドでの練習試合の球審でたっぷりと汗を流しました。もう一度ここに立ち、後輩たちと白球を追うことは長年の夢だったのです。総会には上は85歳から下は24歳までの50人が出席しました。それこそおじいちゃんと孫のような年齢差ですが、同じグラウンドで汗を流し、狭くて汚い部室にたむろした共有体験がありますから、話も弾みます。未だに甲子園には一度も出場したことのない弱小校ですが、創部は１８９７年、全国でも有数の古い歴史を持っています。

私は合格発表の翌日には入部し、以後の３年間の全試合全イニングに出場したのですが、これは自慢にならぬ記録です。何しろ入部当初の部員は６人しかいませんでした。当時は慢性的な部員不足で、特に前年夏の大会後の新チームは２年生キャプテンと１年生１人。

たった2人の野球部になってしまいました。

夏休みの練習は炎天下でのキャッチボールとトスバッティングだけ。後はベースランニング。もちろん練習試合などできません。それでも2人は励まし合いながらその夏を乗り越えました。

2学期になってから野球未経験者までも勧誘し、何とか4人の1年生を入部させましたが、それでも秋の大会は部員不足のため欠場せざるをえませんでした。翌春に9人に満たなければ休部、あるいは廃部もやむなしという状況に追い込まれたのです。

幸い新学期に私を含む10人以上の新1年生が入り、野球部は存続できました。もしもこの2人の先輩が「アホらしい、もう、やーめた」と夏場であきらめたなら、この時点で野球部は自動的に解散、そして私が高校野球をすることもなかったでしょう。

ならばその後も野球にのめり込むこともなく、絶対にプロ野球の審判員にはなっていませんでした。この夏の両先輩の苦労と辛抱がどれほどだったことか。今でも最大の敬意と感謝の念を持っています。こうしてわが野球部の伝統は途切れる寸前でかろうじてつながったのです。

実は40代半ばの頃、私は天狗になってミスを連発し二軍落ちしたことがあります。5月に降格し若い審判や選手たちと二軍戦で泥にまみれました。それまでの実績というつまらぬプライドが余計に自分を苦しめました。

夏場にはもう審判は辞めよう、そこまで追いつめられ最後に野球に別れを告げるため、このグラウンドに来ました。その時、へたくそだけれど一心不乱にボールを追いかけている高校生の頃の自分の姿を夕闇に見たのです。その瞬間、やはり俺は野球が好きなのだ、野球は辞めたくない、という思いが込み上げてきました。このグラウンドには弱虫はいない、そんな「伝統」の声が聞こえたような気がしたのです。これが再起へのきっかけでした。

著者の母校である新潟県立高田高等学校野球部を訪れて

あの夏から20年ほどが過ぎました。自分の生きがい、生活の安定、家族の幸せなどの座標軸が複雑に絡み合うのが人生ですが、自分の人生の原点は間違いなくここにあります。ここから見えていたゴールへお前は正しく歩いてきたかい、と自らに問います。ここで培った野球愛、そして得た友情や信頼、伝統に支えられて生きてきた、「栄冠は君に輝く」はその後の弱い自分への応援歌だったのだ…。その思いはこれからも、年々強まることでしょう。

いとことの再会

この高校時代の野球部ではほろ苦い思い出もあります。1学年下にいとこがいました。彼は運動が苦手で中学時代は美術部でしたが、高校に入学するや「夏生さんと一緒に野球がしたい」と言ってきたのです。私は即座に「やめとけ」と言いました。あんなに野球が下手で、根性なしのお前には高校野球を3年間続けることは絶対に無理だ、と。

ところが「自分にも野球部に入る権利はある」と反抗してきます。「じゃ、絶対に続けろよ。何があっても辞めさせないからな」という約束で入部を認めました。春先は下手ながらもまだ和気あいあいと野球を楽しんでいたのですが、夏以降、新チームになり同級生たちが試合に出るようになると自分だけ取り残されていくような気がしたのでしょう。練習もさぼりがちになり、ついには「辞める」と言い出しました。

新チームのキャプテンになっていた私は激怒しました。「約束が違うだろ。絶対にお前は辞めさせない！」。授業が終わると1年生の教室の前で待ち伏せ、嫌がる彼の首根っこをつかんでグラウンドに引っ張っていきました。

実はこの頃、彼の同期の1年生も次々と野球部を辞めていました。理由はそれぞれでしたが、私は去る者は追わず、そんな根性なしとは一緒に野球をするのは嫌だ、とさえ思っていたのです。

彼は口をとがらせ「どうして僕だけ辞めさせてくれないんですか」と訴えてきました。「とにかくダメだ。お前だけは辞めさせない」とその後も強引に引っ張り回しました。身内だからということもありましたが、彼だけはここで辞めたら一生ただの意気地なし、弱虫でいるような気がしたからです。

2年生になる頃には覚悟を決めたようで、練習にも熱心に取り組むようになりました。相変わらずの野球センスのなさで、試合にもほとんど出られませんでしたが、それでもなんとか3年生の最後の夏まで野球は続け、ライトで8番ながらレギュラーにもなれたそうです。練習試合で1本だけ、奇跡とも言えるホームランを打ったという噂も聞きました。

そんな彼と再び会ったのは卒業後、20年近くが経った頃でした。タイミングよく正月に会うことができ、酒を酌み交わしたのです。話は自然と高校野球の思い出になりました。実は私は彼に恨まれているんじゃないか、といささか不安でした。

彼は卒業後、大学で美術を学び、今は陶芸家をしています。本当は野球なんかそれほど好きではなく、もっと早くに野球を辞め、好きな美術に打ち込みたかったのではないだろうか。ところが「夏生さん、俺をグラウンドに引っ張っていってくれてありがとうございました。陶芸で飯を食えない頃でも頑張れたのは、あの1本のホームランがあったからです。とにかく3年間、野球を続けた誇りが支えてくれました。きっとどこかで報われる時が来る、と信じることができました」

その言葉を聞いた時、うれしくもありましたが、心の中の9割は自分を恥じる気持ちでいっぱいになりました。なぜ、彼のように他の部員たちも本気で引き止めなかったのか。自分のリーダーシップやキャプテンシーとは何だったのか、結局は自分のことだけしか考えていなかったのだ。辞めていった多くの仲間たちへのすまなさに心が痛んだのです。彼らが野球で多くのものを学び、自信を深めるチャンスを奪ってしまったのです。酒のほろ苦さがツーンと鼻の奥に沁み込みました…。

「愛のムチ」の嘘

そんな高校の野球部生活でしたが、自慢できる点もあります。監督や部員間の暴力、しごき、いじめなどといったものとは全く別世界の野球を楽しむ伝統があることです。もちろん礼節はあるものの神様、人間、奴隷などといった階級はなく、野球の上手、下手にかかわらず皆が平等。これは大学の野球部も同様でした。「そんな甘ったるい野球部だから弱かったんだろ?」と言う人もいるかもしれませんが、だからこそ今でもこれほど純粋に野球が好きになれたのです。これは私の誇りです。

野球界においていまだに指導者あるいは仲間内での暴力が根絶されないのは悲しいことです。その根の深さはどこにあるのでしょう? 今も毎年のように暴力事件での不祥事が後を絶ちません。つい最近も何度も全国制覇をしたことのある名門校の監督・部長が、暴言暴行による指導が明るみに出て解任されるという事件がありました。

驚いたのは、監督や部長を指導した元部長が「負けたからこういう問題が出た。(中略)甲子園へ行けばそれも抑えられるが、行かなくなると(指導者への)不平不満が出る」と語っているのです。こういった指導者の下で次の指導者が育てられ、「伝統」となるのです。

甲子園へ何回行った、プロ野球へ何人送り込んだ、そんな尺度だけで「名将」と崇められている現実に背筋が寒くなる思いです。

私が暴力を憎み、絶対に指導の手助けにはならぬと信じる原体験は小学3年生の時でした。何かしら教師に生意気な口をきいたか、もしくは反抗したのかもしれませんが、皆が見ている前に立たされ、教師から強烈な平手打ちを食らったのです。痛さもさることながら、平手打ちされた悔しさに涙がポロポロとこぼれ落ちました。絶対権力者に歯向かえぬ自分の卑小さも感じました。

暴力の前に屈服させられた。その思いは今も消えません。もちろんヤンチャ坊主でしたから父には時折、げんこつを食らうこともありましたが、それとは全く異質のものでした。あの日以来、「愛のムチ」などという言葉は嘘だと今も思っています。残ったのは恨みだけでした。同様の経験は中学生の時にもあり、その時は教師の顔を見るのも嫌で、1週間ほど登校拒否をしたものです。

今も不快感を持つのは、ごく一部のそれなりに成績を残せたいわゆる野球名門校ＯＢが、暴力やしごきをいい思い出だったと懐かしむことです。暴力やしごきに耐えたからこそ今の自分がある、強い男にもなれたのだと。そしてこんな暴力やしごきの理不尽さに耐えることが我が校の伝統だとなれば、この連鎖は永久に続くでしょう。特に著名な球界ＯＢなどは後輩への影響力が大きいものです。

それが自身の成功の要因だったとしても、あくまでも個人的な特殊なケースだと自覚し、今後は一切、封印してもらいたいのです。暴力やしごきを拒否し、野球を楽しむことなく去って行った仲間たちは、過去に全国で何万人、いや何十万人といたような気がしますが、彼らはただの弱虫で根性無しだったのではありません。野球部には忌まわしい思い出しかない元球児が数十万人もいるのだとしたら、野球界にとって最大の不幸だと思います。

こんな悪しき伝統を断ち切るのは今の世代にしかできません。たとえ監督や先輩からの暴力やいじめがあろうと、それを絶対に次の世代に持ち越さないとなればその伝統もいつしかは過去のものとなります。高野連が不祥事に関して、特に暴力や体罰に関して強い姿勢を見せているのは大いに評価できることだと思います。

昨今、話題となったコリジョンルールも併殺崩しの危険な走塁禁止も、全てはグラウンド内から暴力的要素を排除しようという機運が高まってきたからです。健全なる闘争心は全て白球を通すべきです。力強い打撃や巧みな走塁、華麗な守備で闘争心を発揮する。そこにこそ野球を楽しむ原点があります。野球に暴力は絶対に似合いません！

選手の健康がおろそかに

2019年の夏、初めて甲子園での開会式を観ました。晴れがましく胸を張り、堂々と歩く姿はここに至るまでの彼らの努力と苦労の結晶です。いつしか両頬には熱いものが流れ落ちていました。

一方で、高校球児の聖地である甲子園にはそれほどの魅力があるだけに、多くの問題点が封印されてしまうのかもしれません。参加校数の減少、広がる戦力格差と部員数格差、炎天下での過密日程、過熱しすぎるマスコミ報道、そしていま最も大きな課題となっているのが投球数制限です。

2018年12月に新潟県高野連が発表した春の大会で投球数の制限を設けるとの規約は、全国に大きな波紋を呼びました。結局は各方面からの反対が多く、実施とはなりませんでした。「選手層の厚い私学が有利になる」「ファウル打ちなどが横行する」「ドラマ性がなくなる」「肩肘を痛めても勝ちたいのが投手だ」など。私にはどれも納得のいかない論議でした。

なぜ、投球数の制限が必要なのかといえば、皆が勝ちたい一心にとらわれ、選手の健康がおろそかにされているからです。その夏の大会では各チームとも複数投手による継投が目立ちましたが、それが本当に登板過多を防ぐための配慮か、ご時勢を察しての采配か、勝つための必要性だったのか、それぞれのチーム事情があるのでしょう。

ただ、成長段階における投げ過ぎと故障の因果関係はすでに医学的にも十分に証明されています。啓蒙書も数多く発刊されています。いまだに「エースと心中」を貫き通す指導者は、目先の勝利至上主義、そしてその延長にある甲子園至上主義だと言わざるをえません。

後にプロ入りするような頑健な投手でさえ、高校時代に記録した最高速を超えられずひっそりと球界を去る姿を数多く見ました。また、投げすぎによる肩肘の故障で、投手どころか野球すら断念せざるを得なかった何万人もの選手がいるはずです。本来ならば指導者が最前線に立って若者の肩肘を守

高校球児の聖地、甲子園球場

らなければならないのに、そうではない現実が残念です。

大会歌「栄冠は君に輝く」の3番に「美しく匂える健康」という一節があります。作詞者の加賀大介さんは元球児、それが試合中の怪我による感染症で16歳の時に右足を失いました。もう野球ができない無念さを「健康」の二文字に込めたのです。かつて沖縄水産で決勝まで勝ち進んだものの、その時すでに肘を疲労骨折していた大野倫さんはこう語りました。「あの応援は感動ではなく、同情だったのです」。

甲子園は「たかが高校の部活動の、全国大会じゃないか」という原点に帰らねば、こういった問題は今後ますます肥大化していくでしょう。

改革と伝統

今、野球界は多くの問題を抱えています。例えばアマチュアならば野球人口の減少、勝利至上主義、投球数制限、未だになくならぬパワハラ指導など。プロならばセ・パの戦力格差、実質的野球ファンの減少、方向を見誤ったファンサービスなど、行く先には不安要素がたくさんあります。

もちろん健全なる発展を願い、その改革に励む球界人はたくさんいます。時に煙たがられようと勇気をもって提言するものの、それを拒む最大の壁は「伝統」という言葉の上であぐらをかいている守旧派だと私は感じています。野球はその時代その時代によってどんどん進化しており、取り巻く環境やルールもアップデートしなければなりません。なのに自分の過去の野球経験が絶対だと信じ込む指導者や関係者のなんと多いこと。それなりの影響力を持つからこそ厄介なのです。彼らに共通しているのは最新の情報を取り入れないことです。

野球関連の書物を読むと、球界の外側で忖度もなく、冷静に事実や数字を読み込んでいる人こそ高い見識を持っています。「伝統」は上書きをしなければかび臭くなるばかりです。

あとがき

2018年をもって長らくお世話になったプロ野球審判界から身を引きました。今、振り返れば本当に「運」と「縁」に恵まれた日々でした。紙一重のところで救われたことが何度あったかと、感謝の念でいっぱいです。

年の瀬は新しい年に向けて夢と希望が膨らみ、どこかワクワクします。嫌なことがあった年でも、さぁ来年はいいことがあるぞと前向きになれるものです。とはいえ、とてもそんな心境になれなかった年も実は3度ほどありました。

まずは19歳で受験浪人をしていた時。大学生になるまでは家の敷居をまたぎません、と啖呵を切ったものだからたった一人のアパートの小部屋で、俺は本当に来春、合格できるのだろうかと不安に打ち震えていました。結末を考えることが怖くて、机から離れられませんでした。その気持ちをぶつけるために書き始めた日記は今も続いています。お正月は3月末にやっと来ました。

二度目はプロ野球審判員になろうと一念発起し、会社を辞めた26歳の時。いきなりリーグ会長へ採用の直談判に行って門前払いを食らったのですが、無理もありません。情熱だけではダメなのだと悟り、それから猛トレーニングとルールの勉強を重ね再アタックし春が来ましたが、妻子を抱えて無職の年明けは恥ずかしくて情けなくて帰省もできませんでした。審判になってからもシーズンオフになれば生活苦のため、アルバイトの日々が10年も続きました。

三度目が今回。NPBの肩書も固定給も無い完全なフリーランスの元審判になりました。あるのは37年間の経験だけ、でもそれを精いっぱい書いたり話したりで全てのスポーツにおける「審判」の重要性を伝えたい、そこがぶれなければ何とかなる、という平成最後の大晦日でした。

そんな時、いつも心の支えになっていたのは予備校時代の先生に教えてもらった「Yes, I Can!」と「人事を尽くして天命を待つ」という言葉でした。自分の可能性を愚直に信じろ、そして天命は無理でも未来ならば今、頑張れば変えられるんだ、そんな風に鼓舞していたのです。未来ならば…と。そこで、元旦の日記にはこんな「五箇条の御誓文」というのを書きました。

1. 怠ければ食えない、頑張れば食える
2. 振らなきゃ当たらない、当たればたまにはヒットも出る

3．汗と恥をかけ、かいた分だけ報われる
4．まずは「できます！」、それから「できる」ようにする
5．「元」という肩書で勝負しない、「今」の自分で挑む

そしておおいに考え、それを行動に移した1年となりました。果たしてそれが直近で審判の権威向上や、目指す方向に向かっているのか…。結論が出るのはずっと先のことでしょう。しかし今後もこの定めた道を一途一心に歩む覚悟は揺らいでいません。

審判の苦労はさておき、その喜びを伝えるのも使命です。それを実践し証明するために再びグラウンドにも立ちました。アマチュア審判としてデビューし、私がこんなにも楽しく、明るく、元気よく審判をすることによって、ならば自分もやってみたいと多くの人たちに思わせるのが目的でした。

その時に立てた大きな目標の一つが、OB球児たちの「マスターズ甲子園」への出場でした。ただ躊躇もありました。一つは丸々8年間も現場を離れていたという技術的な不安。もう一つはアマチュア審判の方々にとって憧れの地ですから、元プロの新参者がぬけぬけと出ていいものかと。自分自身の覚悟を固めるため、とにかく見る力を磨き実績を築こうと本気でまた審判活動に励みました。三十数試合をこなし、実戦勘も何とか取り戻せ

たような気はします。チャンスをもらえた関係者各位への感謝と謙虚な気持ちを忘れてはならぬ、そう心に誓いこの大会に臨みました。

フィールド内から見る景色は格別でした。初日はＰＬ学園の試合に外野審判として立ち会いました。ＰＬのような名門校でも実は甲子園未出場ＯＢの方がはるかに多いのです。そんな仲間たちに甲子園の土を踏んでもらいたい、野球部再建（16年7月から休部中）への思いを込めて投げた、と試合後に桑田真澄ＯＢ会長は語りました。2日目の一塁審判では久々のクロスプレーに体が反応してしまい、プロ仕込みの派手なアクションを見せてしまったのはご容赦を。

かつての球児たちが永遠に夢を追い続けることができる大会の最後は、皆が肩を組み合い「栄冠は君に輝く」の大合唱でした。もう思い残すことはありません。最後に一礼をして去る時、50年前の夢に区切りをつけることができました。その夜は浜田省吾がこの大会に寄せた応援歌「夢のつづき」を何度も何度も唄いました。よし、今度は選手で！　そんな気持ちも湧き上がってきたのです。

こんな永遠の野球小僧を中学生の頃から見守ってくれている妻には今も頭が上がりません。先日も寝酒がてら「生まれ変わってもプロの審判をやりたいなぁ」とつぶやいたら「どうぞおやりなさい」と優しく応えてくれました。「もう貴方とは二度と結婚しませんからね」と付け加えてくれる茶目っ気もあります。

25歳の時に長男を失い、失意のどん底で死の淵をさまよった母は百歳を迎えることができました。シベリアに抑留され、飢えと寒さにも耐え忍んで帰国した亡父は実直そのものの人生を歩みました。ともに新潟県人らしい粘りと真面目さ、そして強靭な肉体、それらを自分に授けてくれました。

他にも前作で書いたように多くの審判仲間や球界関係者が、たいした審判センスも無い自分を応援してくれました。その期待を裏切りたくない、それが何よりのモチベーションになっていたのは言うまでもありません。そんな全ての人々へ、そしてこの9カ月間、何度も打ち合わせをし、何度も赤字と青字のやり取りで拙著の推敲を重ねた北海道新聞社出版センターの五十嵐裕揮さんに、最大の感謝をもってこの本を捧げます。

2020年　3月吉日

審判応援団長　山崎夏生

著者略歴

山崎夏生（やまざき・なつお）

1955年、新潟県上越市にて生まれる。幼少時から野球が好きでプロ野球選手を目指すも、北海道大学文学部を卒業時にようやく己の実力を悟り断念。プロ野球担当記者になろうと日刊スポーツ東京本社に入社。しかし、野球現場への夢を諦めきれずに一転、プロ野球審判としてグラウンドに立とうと決意する。1982年パ・リーグ審判員として採用され、以後29年間で一軍公式戦1451試合に出場。2010年を最後に現役引退後は日本野球機構（NPB）の審判技術委員として後進の指導に当たった。現在は「審判応援団長」として、審判の権威向上に努め、講演や執筆を行っている。著書に、「プロ野球審判　ジャッジの舞台裏」（北海道新聞社）がある。

【参考文献】
「プロ野球審判　ジャッジの舞台裏」（山崎夏生・北海道新聞社）
「ベースボールクリニック」（コラム「一途一心の野球道」・山崎夏生）2014年9月号〜2019年12月号
「上越タイムス」（コラム「全球入魂」・山崎夏生）2016年4月〜2019年12月
「2018年度　BLUE BOOK」（一般社団法人日本野球機構）
「2019年度版　公認野球規則」

【写真】 山崎夏生
北海道新聞社
共同通信社

【写真提供】 林直樹（審判写真家）
百瀬洋（東北大学野球部OB）

【表紙デザイン】 韮塚香織

全球入魂！　プロ野球審判の真実

2020年5月28日　初版1刷発行
2020年8月7日　初版2刷発行

著　者　山崎夏生
発行者　菅原淳
発行所　北海道新聞社
〒060-8711　札幌市中央区大通西3丁目6
出版センター　編集　011(210)5742
営業　011(210)5744
印　刷　㈱アイワード

ISBN978-4-89453-988-4